大都會文化
METROPOLITAN CULTURE

大都會文化
METROPOLITAN CULTURE

大都會文化
METROPOLITAN CULTURE

大都會文化
METROPOLITAN CULTURE

轉身就是重生

前言

你想要怎樣的人生？你現在正過著怎樣的人生？

過日子說來容易但也不簡單，不如意十常八九，煩躁、憂鬱、迷茫，生活裡總是逃不掉這些情緒，當這些負能量堆疊後，心靈就越發沉重，心沉重了，就無法盡情享受酸甜苦辣的人生，也許你會想，日子能日日快活、沒有煩惱，才是最棒的，然而人生若真如此，的確是愜意，但卻毫無滋味！

經歷過挫折，成功才有價值；有糾葛的苦澀，情愛更顯甜美；若沒有煩惱，就無法體驗真正的幸福。只是身為現代人，生活中有太多的煩雜足以燃盡我們對人生的渴望與熱情，所以尋求心靈的解脫與自由，成了這世代生存的重要課題。

與其總想著要逃避人生的起起落落，不如學會轉念，好好享受生活，很多時候當你再次回頭，會發現之前的困頓，其實沒那麼難。轉個念，可以讓你的心變柔軟，可以讓你更加喜歡自己，可以讓你成為更好的人，面對任何事情時，會更加有勇氣，有時候，成不成功並不重要，重要的是堂堂正正去面對的勇氣與心態。

當遇到挫敗時，當情緒上來時，請轉身，給自己一點新鮮空氣、給心靈一點空間，你會發現凡事更容易放得下，笑容更易嶄露了，請相信，你一定能成為更好的自己，更能樂在生活！

目錄

目錄

第四章　轉身・堅持

目錄

第一章

轉身・放下

不完美的價值

事，無法要求「完美」，但至少要能「完成」，才算盡到己責；人，無法要求「萬能」，但至少做到「可能」，就能堪受擔當。

——弘一法師

一個人在曠野撿到一塊美玉，那是十分難得的一塊玉石，可惜的是，玉石中間有一塊黑色瑕斑。他把這塊玉石拿給一位玉石商看，肥頭肥腦的玉石商捧著玉石端詳了半天說：「這真是一塊罕見的美玉啊，如果沒有中間的黑色瑕斑，它至少可值萬兩黃金。」

「但現在它能賣多少錢呢？」這個人焦急地問玉石商。

玉石商惋惜地搖搖頭說：「就是因為那塊瑕斑，它現在頂多能賣百兩黃金。」這個人失望地抱著他的玉石走了。回到家裡，這個人把那塊美玉放在桌上，兩眼盯著玉石中間的那塊瑕斑不住地唉聲嘆氣。他的妻子見了問他說：「咱幸運撿到一塊美玉，高興還來不及呢，你為什麼還長吁短嘆的？」

這個人把玉石商的話說給妻子聽，他的妻子一聽，痛惜了半天，忽然高興地一拍手說：「既然是因為那塊瑕斑，玉石才貶值，那我們動手把瑕斑剔掉不就好了？」

這個人一聽，兩眼一亮說：「對呀，削掉那塊瑕斑不就是了嗎？」於是，他找來錘子和鑿子，一錘一錘小心翼翼地鑿起那塊瑕斑來。但那塊瑕斑生在玉石的深處，要想剔鑿掉必須先鑿除上面的玉石，這個人想，鑿掉一些玉屑就忍痛吧，如果不鑿掉那塊瑕斑，自己的這塊罕世珍玉只值百兩黃金，和普通的玉石又有什麼區別呢？錘子叮叮噹當響，玉屑紛飛，當那塊碩大的玉石小了不少時，鑿子終於鑿到那塊黑色瑕斑，此時他才發現，這塊瑕斑非常深，要想徹底剔鑿掉，幾乎要鑿穿整塊玉石，但想到一萬兩黃金和區區一百兩黃金，這個人就什麼也顧不得，繼續揮著錘子叮叮噹當地剔鑿。

瑕斑徹底鑿掉時，這個人也頓時傻眼了，因為在剔除最後一錘時，玉石砰地也碎了，碎成一堆拳頭大的碎塊，痛惜萬分的他抱著一堆碎玉塊去見那個玉石商，玉石商大吃一驚，捶胸頓足地痛惜說：「你把一塊美玉鑿成一堆廢石，一塊絕世美玉被你毀掉了。」這個人分辯說：「一塊玉石雖然變成一堆碎玉，可它終於沒有那塊瑕斑了呀，你說，這堆玉石能賣多少黃金呢？」

玉石商悲忿地一把推掉桌上的那堆碎石說：「它們現在只是一堆普

通的廢石，連一兩黃金也不值了！」

那個人一聽，頓時就呆了。

瑕不掩瑜，純真生命裡已經存在一塊瑕斑就任它存在下去吧，刻意地剔除寶石深處的瑕斑，當瑕斑徹底剔去時，往往也失去了自己珍貴的寶石。

你擁有了什麼？

現在擁有的，就是最好的。擁有再多也無法滿足，就等於是窮人。

——聖嚴法師

海邊的人喜歡看山，山裡人喜歡看海、看平原。城裡人寧願花錢到郊區遊覽，可是鄉下人卻拼命往城裡擠。這就說明了一點，得不到的東西，總是令人嚮往，而嚮往可以讓人生出追求的心。

追求的心無可厚非，只是千萬不要變成痛苦。尤其應多看看自己所擁有的，也許那正是別人所羨慕的。

有一天，一位富有的父親，帶著小兒子到鄉下旅行，主要的目的，是想讓小兒子見識一下，窮人是怎麼生活的。他們在農場最窮的人家裡，住了一天一夜。

旅行結束後，父親問小兒子說：「你覺得這次的旅行怎麼樣啊？」

「好極了！」小兒子回答。

「這回你終於知道，窮人是怎麼過日子了吧？」

「是的！」

「你有什麼感想呀？」

「真是棒極了，他們一家人真幸福啊！咱家只有一條狗，我發現他們家卻有四條狗；咱家只有一個水池通向花壇的中央，可是他們竟然有一條望不到邊的長河；我們的花園裡只有幾盞燈，可是他們卻有滿天的星星。還有，我們的院子只有前院那麼一丁點兒，可是他們的院子，卻是整個農場那麼大耶……」

兒子說完，父親啞口無言。接著小兒子又加上一句話：「感謝父親讓我明白，我們是多麼貧窮。」

用欣賞的眼光，看待身邊的一切，快樂就會永遠跟隨你。

很多時候，我們擁有的往往比我們想要得到的還來的多，而失去有時也意味著獲得，關鍵是我們的心裡怎麼想。

夏天的傍晚，一個美麗的少婦投河自盡，被正在河中划船的老船伕救起。

「妳年紀輕輕的，為什麼要尋短？」船伕問。

「我結婚兩年，丈夫就遺棄了我，接著孩子又病死……。您說，我活著還有什麼樂趣呢？」少婦哭訴道。

「那麼，兩年前妳是怎麼過的？」船伕又問。

少婦的眼睛亮了：「那時我自由自在，無憂無慮……」

「那時你有丈夫和孩子嗎？」

「當然沒有。」

「那麼你不過是被命運之船，送回到兩年前，現在妳應該又可以自由自在、無憂無慮才對呀！請上岸吧！」

少婦上了岸，坐在岸邊，看著船伕把船搖走。她揉了揉眼睛，恍如做了一個夢。她想通了船伕的話，便離岸走了。

命運有時會與人開玩笑，你又何必太認真呢？當你失去了什麼，那或許也代表著你擁有了什麼！

生命不能計算

一個人的快樂，不是因為他擁有得多，而是因為他計較得少。

——聖嚴法師

在偌大的華盛頓，經營服裝和鞋襪的超市和商店有成千上萬家，但他能準確知道哪家店面的襪子最便宜，差價可能只有兩美分或一美分。在方圓數十公里內，他知道到哪家速食店用餐最適合，因為那家速食店可以多給顧客一包餐巾紙。在華盛頓市，他知道坐公共汽車從哪一條大街走，要比走另外的街道可以節省下幾美分，甚至知道哪條街的某個地方有免費公廁，哪個報刊亭在下午五點後出售的日報和晚報降價處理。

在他三十五歲前，他購買的東西每一種都是華盛頓最便宜的，他的每一種消費都是全華盛頓最低價的，沒有人敢和他比計算，從衣服鞋襪到理容、理髮，他都是計算最周密、付出的報酬最低的。鄰居和朋友都個個自愧不如，說他有著和電腦一樣的腦袋，和外星人一樣的精明。也是全美國甚至全世界的第一計算高手，他也曾為此而洋洋得意。他，就是過去大名鼎鼎的計算魔鬼，現在著名的美國心理學家威廉。

但是三十五歲時，他毅然拋掉了自己的精明，變得大大咧咧了起來，和從前相比簡直判若兩人。在三十五歲前，他雖說總是事事占盡了便宜，但身體卻特別的差，看醫生、吃藥、住院治療等等全纏上了他，焦慮、失眠、憂鬱是家常便飯。三十來歲，風華正茂，正是一個人生命朝氣蓬勃的黃金時期，但他卻未老先衰成了一個風燭殘年的老人。他去看一位著名的心理學專家，專家說：「這一切全都是因為你太精明，太熱衷於計算了。雞毛蒜皮的小事把你的心給塞得滿滿的死死的，放不下一點點生活的陽光和歡樂，怎麼能健康得起來呢？」

為了生命，三十五歲時他斷然改變了自己過去的思維習慣，不再為節省下幾美分絞盡腦汁了，不再為多得到一包餐巾紙勞心費神了，他讀了大量的心理學著作，改行做了一名心理醫生。在給病人提供心理治療的同時，他開始了一項別開生面的「能計算者」研究，他的研究發現，對生活利益太能計算的人，實際上都是很不幸的人，這種人心胸常被堵塞，每天只能生活在具體的事物中不能自拔，習慣看眼前而不顧長遠。這種人在生活中很難得到平衡和滿足，常常與別人鬧意見，分歧不斷，內心布滿了衝突，他們常常掉在一事一物的糾纏裡，心情常常是灰色的。這樣的人心率跳動一般都較快，是疾病特別喜歡光顧的溫床。

威廉自從丟掉了自己內心那些種種計算後，他變得開朗和幸福了，身體狀況也有了明顯的改觀，在他出版的書籍《拔掉草，給心靈一座花園》中，他寫道：「生命不能是計算，而應該是享受，心靈裡長滿太多斤斤計較的雜草，就灑不進快樂而幸福的陽光了，拔淨心靈裡的生活雜草，你的心靈就會成為一個幸福的生命花園⋯⋯」

我們拔去了自己心靈裡的雜草了嗎？我們的心靈現在是一座生命的花園了嗎？

是的，珍貴的生命不能是計算的，而應該是一種溫馨而輕鬆的享受。

急不來的人生

在安定和諧中、把握精彩的今天，走出新鮮的明天。

——聖嚴法師

藥鋪有個小徒弟，師傅讓他先學著焙製草藥。秋天時，藥鋪後邊山坡上的野菊花綻開了，師傅說：「菊花朵兒是上等的瀉火良藥，沒綻開的蕾朵不行，綻開過了頭的藥效也不好，最上等的是盛開了的，但又沒有枯萎之態的，這種菊花不但療效好，而且色香味俱全。」師傅吩咐小徒弟說：「這些天你就別待在鋪子裡了，每天到山上採菊花去。」

按照師傅吩咐，小徒弟每天清晨都早早起床，提著籃子到後面的山坡上採菊花。剛開始時他挺興奮，不用呆在滿屋異味的藥鋪子裡，到秋果飄香的山坡上采菊花，又能聽鳥鳴，又能嘗山果，還能盡心盡意地玩耍，這多好啊。但沒幾天他就煩了，師傅天天讓他採滿滿兩大籃菊花，可這滿山遍野的菊花開了採、採了開，老也採不盡摘不完，弄得自己連玩耍的時間都沒有，一天天的好時光全用在這採摘菊花上了。他把自己的不滿說給藥鋪的另一位徒弟，那位徒弟一聽就笑他傻說：「你真笨，你不會明天起床早一點，明晚回來得遲一點，把那些後天要開的花全摘掉，那麼後天開的花就少多了，你後天就能輕輕鬆鬆玩耍了。」

小徒弟一聽，眼睛一亮說：「這主意真不錯，我怎麼就沒想到這個辦法呢。」第二天，他果然在山上直采到日暮西山時分，不僅將那些正盛開的菊花全採了，而且將那些欲開未開剛剛開始裂蕾的菊花也採了下來。借著銀色的星輝下山時他想：明天肯定可以輕輕鬆鬆玩一天了，因為山坡上不會再有那麼多盛開的野菊啦。

但第二天他提著籃子到山上一看就愣住了，山坡上一片一片的，還是盛開著那麼多一叢一叢臘黃臘黃的黃雲似的野菊花。

夜裡，當他沮喪地挑著滿滿兩籃野菊花回到藥鋪時，師傅邊笑著邊撿著籃裡的野菊花問：「今天山上的菊花並沒有因為你昨天的努力而盛開的少一些吧？」小徒弟漲紅著臉點了點頭。師傅微笑著說：「記住，不論你今天怎麼努力，但明天要開的菊花還是一樣要綻開的，世界上許多事都不是我們誰能夠隨便提前的，像一滴水在河裡，它急躁地跳起來成為一朵浪花，但一閃就又落在從容的河流裡，並沒有比誰流快了一步啊。」

徒弟一聽羞赧了。是啊，沒有誰能讓今天的夜幕遲一點撒落，也沒有誰能讓明天的太陽早一點升起來，從從容容地面對時光和生活，從從容容、不疾不徐地面對自己的生命，這才是我們一生和生活的真諦。

生活就在今天，生活就是現在，這才是我們人生最真實、最樸素的態度。

改變世界、還是改變自己？

道在心，不在身。自心不起念，於一切境即無所得。

——心道法師

在遠古的非洲，人們還不知道什麼是鞋子，一位部落酋長想到遠方去和另一個部落首領認識並結盟，可是路實在太遠了，而且遍布著毒蛇和荊棘。

酋長想就赤著腳板去，但怕荊棘一旦把腳割破了，能不能靠一雙破腳走到那個部落很難說，而且，赤著一雙血肉模糊的腳板去，不僅僅是對別人的不尊重，說不定還會被那個部落的人所瞧不起，那些人也許會指著酋長的破腳板說：「這麼貧窮又這麼沒有智慧的部落，和他們結盟有什麼意義呢？」

酋長讓部落裡的智者們都想辦法，智者們想了好久說：「派一幫年輕人抬去怎麼樣？這樣你的腳板就不會被荊棘和石塊給割爛了」。酋長聽了，點點頭，但馬上又搖了搖頭說：「不行！讓他們抬我去，雖說我的腳可以避免被割爛，但抬我去的那些人腳板肯定會被割爛的，一雙爛腳板都會被人家瞧不起，何況幾十雙爛腳板呢？而且讓別人見了我是被人們抬去的，那個部落的人會認為我是個殘暴又無情的酋長，肯定會從心眼裡更瞧不起我的。」

酋長憂愁地皺著眉頭說：「不行，你們必須想出一個更好的辦法來！」

智者們十分為難地走了。

過了幾天，一個智者高興萬分地來拜見酋長說：「至高無上的酋長啊，我終於想出一個奇妙的主意啦。」酋長一聽，頓時眉開眼笑說：「快，快，快把你奇妙的主意告訴我！」這個智者得意地說：「我們用獸皮給你鋪一條路，一直鋪到那個部落裡去不就行了嗎？」

酋長一聽，不禁欣喜若狂說：「對呀對呀，這真是一個奇妙的主意！」但轉爾一想，酋長又憂愁了，酋長說：「從我們這裡一直鋪到那個部落裡去，這麼遠的路，需要多少的獸皮啊，就是狩獵到我老死，也遠遠獵不到那麼多的獸皮啊！」智者們一想，是啊，那得多少獸皮才夠用呢，那麼遠的路，就是獵盡這大草原上所有的動物，牠們的皮怕是也不能鋪到。

酋長和一大群智者們把腦袋都想痛了，但是仍然想不出一個合適的辦法來。

這時，一個年輕人聞訊來見酋長說：「至高無上的酋長，我們雖然沒辦法改變草原上的長路，但我們總應該能夠有辦法改變我們的腳板吧？」

酋長的雙眼一亮，高興地鼓勵那個青年說：「年輕人，快把你的好主意說出來！」年輕人走到酋長前，從腰上解下兩塊獸皮，然後彎下腰去，用獸皮把酋長的腳包裹起來說：「這樣您的腳板就不會被那些可怕的荊棘割破了。」酋長走到外面的野地裡試了一試，驚喜地說：「這真是一個絕對奇妙的主意！」

後來，那酋長果然就用獸皮裹著腳走到了那個遙遠的部落，並且，他的腳板果然完好無損。

是的，有許多時候，我們可能沒有能力去改變世界，甚至改變我們周圍的環境，但我們可以試著去改變一下自己。

改變自己，總比我們去改變別人和世界更要簡單和容易。

沒有放不下的包袱

做人要當提起時提起，當放下時放下。光是提起，太多的拖累，非常辛苦；光是放下，要用的時候，就會感到不便。對於功名富貴放不下，生命就在功名富貴裡耗費；對於悲歡離合放不下，生命就在悲歡離合裡掙扎；對於金錢放不下，名位放不下，人情放不下，生命就在金錢、名位、人情裡打滾；甚至對是非放不下，對得失放不下，對善惡放不下，生命就在是非、善惡、得失裡面，不得安寧。

——星雲法師

勝而不驕，方為智者。沒有永恆的榮譽和成績，可以讓你一生享用不盡。勇於創造、勇於放下所得到的，才是真正的勇者。如果只是滿足於既得的成績，在榮耀的光環裡沉浸不已，只能讓你沉緬其中，裹足不前。

許多大企業家、科學家，無不是在不斷的創造和爭取中，獲得更好的成績。同樣的，做事也是如此，向前看，腳步才能向前。

有位客人來到女科學家的家裡作客，當他看見女科學家的孩子在玩一枚動章，立刻驚叫起來，說：「哎呀，你的孩子把妳的榮譽動章當玩具玩了！」

「不，是我給她玩的！」女科學家說。

「妳知道嗎？妳的這枚英國皇家協會的動章，可是許多人夢寐以求的。妳卻把它當小孩的玩具！」

女科學家淡淡的一笑，說：「我只想讓孩子從小懂得一點：榮譽、勳章這些東西，代表著過去，現在，它頂多只是手中的一件玩具而已，玩厭了，隨時都可拋棄。但未來，卻等著他重新去創造。」

玩勳章的女孩長大以後，果然沒有辜負母親的期望，她跟她的媽媽一樣，都成了獲得諾貝爾獎的女科學家。

這對母女科學家，就是居禮夫人和她的女兒。

榮譽與成績，代表的是過去，如果死抱著不放，只能被它們拖向從前。同樣的，面對失敗，人們也應該要有放得下的勇氣。

捨得、捨得，有捨方有得。一味的堅持，只會讓負重感越來越重，適時的放棄，有時可以減少更大的損失；所以，學會放手，未嘗不是一種幸福、另一種擁有呢？

越戰期間，尼克森總統和美軍指揮官，一起討論戰況。

「將軍，我們出兵越南的目的是什麼？」尼克森總統問。

「征服敵人。」指揮官振振有辭的回答。

「你下一步要怎麼做？」

「我要增派四十萬大軍。」

「去年的這個時候，你說只要二十萬軍隊就夠了。我給了你二十萬軍隊，你平定了多少敵人？」

「事實上，我們到達後，敵軍的抵抗力量增加一倍……」

尼克森總統立刻說：「既然二十萬軍隊，會產生雙倍的抵抗力，那麼四十萬軍隊，是不是也會產生四倍的抵抗力？所以，我認為，繼續向越南派遣軍隊是不明智的。」

最後，尼克森決定，把美國脫出越戰的泥潭。

背著包袱是走，放下包袱也是走，那為什麼不放下包袱，輕輕鬆鬆的走呢？

一條命值多少錢？

時間就是生命。只要我們活在娑婆世界一天，就得珍惜生命！掌握生命！並充分運作生活使人生臻於真、善、美，法喜充滿。

——心道法師

一個年輕人，做生意被騙了，賠得血本無歸債台高築，年輕人很沮喪，一個人來到海邊，決定不活了，要投海自盡。

就在年輕人站在懸崖旁，長嘆一聲就要閉眼跳下的時候，一個老人拉住了他，老人說：「年輕人，怎麼這麼傻呢？」

年輕人哭著說：「不是我傻，我做生意被人欺騙了，賠得一無所有不講，還欠下親朋好友許多的債，真是上天無路入地無門，所以只好走這條絕路了。」

老人同情地聽年輕人說完，笑笑說：「年輕人，你不過就欠下了這區區幾萬元債嗎？想賺回來，那是很容易的。如果你願意，我們可以談一筆生意。」年輕人心如死灰地說：「我如今身無分文，一點本錢也沒有，還能做什麼生意呢？」

老人笑了說：「不，年輕人，你很富有，你有雄厚的本錢，如果你樂意，我可以把我的想法說給你聽聽。」年輕人想，反正自己是死路一條了，不過是早死一會兒晚死一會兒的事兒，聽聽這個老人絮叨絮叨也不是什麼壞事情，於是淡淡地說：「你說吧。」

老人說：「第一筆生意不需用你去投入一分錢的本錢，可以將你欠下的債一筆勾銷，是這樣的。」老人笑笑說：「有一個電影明星，有很多的錢，演技很出色，很有發展前途，但令他遺憾的是，年幼的時候，他的一根手指不幸被機器砸斷了，他想買一個修長的指頭，讓醫院做一個斷指再生手術給他接上，他可以付兩萬元，年輕人，這兩萬元便足以還上你全部的債務了，這筆生意你樂意做嗎？

一根手指才區區兩萬元？年輕人想想搖了搖頭說：「價格太低了。」老人笑了笑。

老人說：「這第二筆生意是，一個億萬富翁的腎臟衰竭了，他想買一顆年輕而健康的腎臟，出價二十萬元。小夥子，你願意做這筆生意嗎？」

一顆腎臟才二十萬元？年輕人聽了，馬上就搖搖頭說：「二十萬太少了，傻瓜才去做這樣的生意呢！」

老人笑笑對年輕人說：「太可惜了啊年輕人，這麼多錢你不去拿，卻要白白把它扔到海裡去，年輕人，你是不是傻瓜呢？」

年輕人愣了。

老人淡淡一笑解釋說：「你這麼年輕，你的頭、四肢、眼睛、腎臟至少可以值一百萬，但你現在卻想把它白白扔進大海裡，那時，海是不會給你一分錢，魚們也不會給你一分錢，一百萬塊錢丟進了海裡，你什麼也得不到，你說你不是這世界上最大的傻瓜嗎？」

自己價值一百萬？自己還是個百萬富翁？自己雖然已經是一無所有，但自己還有生命，生命難道不是一筆巨額的財富嗎？

年輕人笑了，高興地向老人道謝說：「謝謝您老人家的指點，我再也不會自殺了，因為您讓我明白雖然我賠了一點錢，但我仍然很富有，因為我有年輕的生命，生命就是一筆財富啊！」

生命就是一筆財富，生命就是一種資本，可能你現在還一無所有，也可能你現在還一文不名，但你並沒有山窮水盡，你還仍然是一位百萬富翁，你仍然擁有雄厚的資本，你仍然可以有柳暗花明的成功機遇……

因為，你還擁有生命。

你的心裡裝了多少東西？

人們不能真正得到快樂慈悲，是因為不認真修行，想的只有「錢、錢、錢」。

——達賴喇嘛

一個小和尚要出門遠遊，但日期一推再推，已經過了半年了，還遲遲不肯動身。

方丈把他叫去問：「你出門雲遊，為什麼還不動身呢？」

小和尚憂愁地說：「我這次雲遊，一去萬里，不知要走幾萬里路，跨幾千條河，翻幾千座山，經多少場風雨，所以，我需要好好地準備準備啊。」方丈聽了，沉吟了一會兒，點了點頭說：「是啊，這麼遠的路，是需要好好的準備準備。」又問小和尚說：「你的芒鞋備足了嗎？一去萬里，遠路迢迢，鞋不備足怎麼行呢？」方丈吩咐寺裡的僧人，每人幫小和尚準備十雙芒鞋，一會兒就送到禪房裡來。

不一會兒，寺裡的僧人就紛紛送鞋來了，每人十雙，上百的僧人，很快就送來了上千雙芒鞋，堆在那裡，像小山似的，方丈又吩咐大家說：「你們這師弟遠去，一路要經不知多少場風雨，大家每人要替他備下一把傘來。」

不一會兒，寺裡的僧人便送來了上百把傘，堆放在方丈和那小和尚的面前。看著那堆得小山似的芒鞋，還有那堆得小山似的一大堆雨傘，小和尚不解地說：「方丈，徒兒一人外出雲遊，這麼多的東西，別說是幾萬里，就是寸步，徒兒我也移不動啊！」

方丈微微一笑說：「別急，準備得還不算足呢。你這一去，山萬重，水千條，走到那些河邊，沒船又如何能到彼岸呢？一會兒，老衲我就吩咐眾人，每人給你打造一條船來。」

小和尚一聽，慌忙跪下一迭聲地說：「方丈，徒弟知道您的用心了，徒兒明白了，現在徒兒就要上路了！」

方丈會心一笑說：「一個人上路遠遊，一鞋一缽就足矣，東西太多，就走不動了。人生一世，不也是一次雲遊嗎？心裡裝的東西太多，又如何能走得遠呢？輕囊方能致遠，淨心方能行久啊。」

小和尚一聽，心裡慚愧極了，第二天天剛濛濛亮，他便手托一缽立刻上路了。

輕囊才能讓一個走遠，心淨才能讓一個人行久，誰見到過一隻拖著蝸殼行走幾萬里的蝸牛？誰又見過一根飄飛不動的輕盈羽毛呢？

錢與生活

金錢可以買得到奴隸，但買不到人緣；金錢可以買得到群眾，但買不到人心；金錢可以買得到魚肉，但買不到食慾；金錢可以買得到高樓，但買不到自在；金錢可以買得到美服，但買不到氣質；金錢可以買得到股票，但買不到滿足；金錢可以買得到書籍，但買不到智慧；金錢可以買得到床鋪，但買不到睡眠。

——星雲法師

金錢和地位對於貪婪的人來說，是沒有止境的。因為他們把一生的光陰，都犧牲在對金錢和地位這種無謂的追求上，即使最後得到了，也始終覺得虛空。

這是什麼意思呢？因為人世間的一切美好，會隨著韶華的流逝而一去不返。沒有享受的人生，也絕非美好的人生。即使擁有再多的名利，那也只是身外之物，到頭來，也還只占得三尺之居而已。

金錢不是生活的目的，而是生活的工具。

希臘偉大的國王亞歷山大大帝，一生叱吒風雲，在極短的時間內，就征服了歐、亞、非三大洲，並擁有了無數的財富、土地以及人民。

據說他曾為沒有可供征服的地方而傷心、落淚。

但是，這位歷史上極具成就的君王，三十多歲就因生病而面臨死亡。在他去世之前，他感觸良多，要求他的部屬在棺木上挖兩個洞，等他死後，讓他把雙手伸出來，露在外面。希望藉此昭告世人，雖然他擁有如此多的財富和崇高的地位，但是死了之後，卻是兩手空空，一樣都不能帶走。

人的目光應該放長遠一點，不能只看到自己的腳尖，只聞到身旁的銅臭，那些目光短淺、急功近利的人，因為看不清財來財去的人生真貌，最終往往落得兩頭空。

有一個財主犯了罪，被帶到縣太爺那裡審問。縣太爺為了證明自己是個清官，提出了三種懲罰的方式，讓財主選擇。

第一種是罰財主五十兩銀子，第二種是抽財主五十個皮鞭，第三種是讓財主生吃五斤大蒜。財主既怕花錢又怕挨打，就選擇了第三種。於是，在人們的圍觀下，開始吃大蒜。

「吃大蒜倒不是什麼難事，這是最輕的懲罰。」

當吃第一顆大蒜時，財主這樣想。

可他越往下吃，越感到難受，吃完兩斤大蒜的時候，他感到自己的五臟六腑都在翻騰，像被烈火炙烤一樣。

財主不得不流著淚喊道：「我不吃大蒜了，我寧願挨五十個皮鞭！」

執法的衙役剝去財主的衣服，把財主按到一條板凳子上，當著他的面，把皮鞭蘸上了鹽水和辣椒粉。財主看得膽戰心驚，嚇得渾身發抖。當皮鞭落在財主的背上時，財主像殺豬一樣的嚎叫起來。打到第十下的時候，財主痛得屁滾尿流。

最後財主終於忍受不住痛苦的叫道：「青天大老爺啊！可憐可憐我吧！別再打我了，罰我五十兩銀子吧！」

有些人為了省錢，寧願忽視自己的健康，等到他嘗夠了苦頭，不得不為健康大把花錢時，才大大的悔恨。早知如此，何必當初？

事實上，金錢誠可拋，人生中有許多更值得我們去珍惜的事物，例如健康，或是親情。許多人為了多賺點錢，將大部分時間用在工作上，卻捨不得花一丁點兒時間，來陪那些在乎他們、關心他們的家人；然而賺錢畢竟不是人生的全部，生活中還有許多比賺錢更重要的東西。

一位父親下班回到家，已經很晚了，他覺得很累並有點兒煩。這時，他發現五歲的兒子，靠在門旁等他。孩子用無辜的眼神看著他說：「爸爸，我可以問你一個問題嗎？」

「什麼問題？」

「你一個小時可以賺多少錢？」

「這與你無關，你問這個問題幹什麼？」父親厭煩生氣的回答說。

「我只是想知道嘛！請你告訴我，你一個小時賺多少錢？」小孩繼續哀求著。

「假如你一定要知道的話。嗯……，我一個小時差不多賺二十塊美金吧。」

「喔……」

小孩低下了頭，接著說：「爸，可以借我十塊錢美金嗎？」

父親發怒的說：「如果你問這個問題，是為了要借錢去買毫無意義的玩具，那麼現在馬上給我回到你的房間，並上床去好好想想，你是不是很自私？我每天長時間、辛苦的工作，沒時間和你玩小孩子的遊戲。」

小孩安靜的回到自己房間，並依言上了床。

父親坐了下來，餘怒未息。大約一個小時後，他平靜下來，開始覺得他可能對孩子太凶了。或許孩子真的很想買什麼東西，何況孩子平時也很少要錢。

疲累又悔恨交加的父親，走進小孩的房間，問道：「你睡了嗎，孩子？」

「爸，我還醒著。」小孩回答。

「我剛剛對你太凶了。」父親愧疚的說：

「我把今天在公司受的氣，都爆發在你身上了……。這是你要的十塊錢美金。」

「爸，謝謝你。」小孩歡欣鼓舞的叫著、跳著，然後從枕頭下拿出一些被弄皺的鈔票，慢慢的數著。

「咦！你已經有錢了，為什麼還向我要？」父親看了，又生起氣來。

「因為之前的錢還不夠嘛！但我現在夠了。」小孩一面解釋，一面說：「爸，我現在有二十塊錢了，我可以向你買一個小時的時間嗎？明天請早一點回家，我想和你一起吃晚餐。」

比金錢可貴的是時間，而當時間無法遏止的流逝時，我們要以此換取金錢？還是家庭的親情與快樂？相信答案已經不言可喻，那些用錢買不到的東西，往往便是最珍貴的無價之寶。

失去唯一卻擁有全部

能捨的人，才能得法；而法就是在學「捨」。

——心道法師

一個悲觀失望的人到廟裡去見禪師，這個年輕人痛苦地說：「別人有痛苦，可也有歡樂，別人有離散，可也有團聚，別人有失去，可也有得到的時候，別人有失意，可也有得意的時機……可我呢？」年輕人深深嘆了一口氣說：「整天就沉浸在痛苦、失意、悲愁之中，就像在漫長的黑夜中而看不到曙光，大師，您說我活著還有什麼意思呢？」

禪師聽了，略略沉吟了一下，指著窗外沉沉的斜陽問：「年輕人，你知道白天為什麼這麼明亮嗎？」

年輕人回答說：「這怎麼能不知道呢？是因為有太陽呀。」禪師說：「有幾個太陽呢？」

年輕人不解地說：「自古就是只有一顆太陽呀。」禪師若有所思地笑笑。

倆人在禪房裡一直坐到暮靄四沉、星星一顆一顆出來時，禪師微笑著對年輕人說：「施主，請到外面賞月敘話吧。」倆人走到院外，早有小和尚搬來了茶桌、木椅，禪師招呼年輕人坐下說：「現在夜幕四合，太陽已經沉進西山裡去了，你看這夜色多美啊！」

年輕人憂傷地說：「夜色再美，又如何能同白天相媲呢？白天仰頭可看雲舒雲卷，舉目可望田野山川，低首可賞蟲鳴花香，而這夜色裡，我們誰又能看到什麼呢？」

禪師笑笑說：「白天紅塵嚷嚷，而夜晚卻靜寂而清爽，你聽耳邊這徐徐的晚風，你聽山上那樹葉的輕語，再晚的時候，你還可以臥床憑窗諦聽滴露，也可披衣扶欄賞月，夜色有什麼不好呢？」見年輕人低頭不語，禪師說：「白天你只能看見一個太陽，而夜晚你卻可以看到許多星星啊！」

年輕人聽了，慢慢仰起頭來，只見繁星滿天，浩渺的夜空裡，閃爍著一顆一顆銀釘似的星星，那星星一眨一眨的，像許許多多靜靜望著自己的眼睛，老禪師望一眼正深深沉醉在繁星中的年輕人問：「年輕人，你能數得清天上的星星嗎？」

年輕人搖搖頭說：「那麼多的星斗，誰能數得清呢？」禪師又笑著問：「那你能數得清天上的太陽嗎？」

年輕人說：「只有一個太陽，這連傻瓜都能數得清的。」禪師笑了。禪師說：「是啊，一個人的命運雖然沒有白天只有黑夜，他失去了一個太陽，但他可以擁有數也數不清的滿天星斗啊！」

年輕人聽了一怔，又若有所思地想想，終於笑了說：「大師，我明白了。」

命運裡雖然缺少陽光，但我們不必為此而沮喪和絕望，因為，我們還擁有許許多多的熠熠星斗。

記住，儘管我們的命運可能只會是夜晚，但失去了一顆太陽，我們卻擁有著數不清的生命星斗。

倒掉滿溢的杯子

氣，忌盛。心，忌滿。才，忌露。

——弘一法師

一個年輕人自恃滿腹經綸無所不曉，他到法海禪寺找到才識淵博的了悟大師說：「我原本準備拜謁一些天下名師再多長一些學問的，但我拜謁了幾個所謂的大師之後，心裡就十分失望了，原來他們個個雖然名滿天下，但不過個個是徒有虛名不過如此啊。」

望著傲慢而洋洋自得的這位年輕人，了悟禪師只是微笑不語，年輕人頓了頓又說：「我聽說大師學問淵博，所以今日是專門來請大師給予賜教的，請大師不吝指點一二。」了悟禪師還是微笑不語，只是取來了一個茶杯放在年輕人面前的茶案上，然後又吩咐一個小沙彌去提一壺沸水來。

不一會兒，小沙彌就提來了一壺吱吱噴著白煙的沸水，了悟禪師接過水壺，徐徐往杯子裡注水，一直注得水滿得往外四溢才停下來，然後若有所思說：「貧僧年高糊塗，忘了給施主放茶葉了。」說著，便從茶几上取出一筒茶葉說：「這是友人贈我的珍稀名茶，請施主品嘗。」隨後，便捏了一撮丟進了茶杯裡。但杯子裡的水太滿，茶葉放進杯子，便馬上與水一起溢了出來。年輕人聽說是茗茶，立刻驚嘆不已，見放進他杯子裡的茶葉因為水太滿來不及沉浮就溢了出來，更是十分惋惜，馬上伸出手指，將溢出來的茶葉輕輕撿起又放進杯子裡。

年輕人剛將茶葉放進杯子，了悟禪師就提起水壺往杯子裡又注了一脈水，杯子裡水太滿，茶葉立刻又隨水溢了出來。年輕人無奈，又渴望能品嘗這難得一呷的珍稀，於是，待禪師剛剛停住注水，就又伸出手去，將溢出的茶葉一一小心翼翼地撿到杯子中去。

但年輕人剛撿完，了悟禪師就又提起壺來往杯子裡注水，來不及沉浮的茶葉又一次隨水溢了出來。

望著一次又一次溢出杯子的茶葉，年輕人終於忍不住了，他埋怨了悟禪師說：「茶杯已經如此滿了，你怎麼還往杯子裡不停地倒水呢？像大師這般沖茶，什麼樣的好茶也不能留在杯子裡的，這不是白白浪費珍貴的佳茗嗎？」

了悟禪師說：「我只是給施主添茶啊！」

年輕人不滿地說：「茶杯已經滿了，已經一滴水也裝不下了，你再添，它一點也容不下了。」

了悟禪師哈哈一笑說：「原來施主懂得這個道理啊！」見年輕人不解，了悟禪師頓了頓說：「茶杯滿了，再也不能接納一滴水，人心滿了，就同樣很難再接納一點學問了啊。就像是這珍稀的茶葉，再高再深的學問，只要茶杯和人心滿了，也是會被令人痛惜地溢出的。」

了悟禪師端起年輕人面前的杯子，將水潑掉，又捏了一撮茶葉放進杯子，注上半杯水說：「倒空你的杯子，你可以品到世上最妙的香茗，倒掉你心靈裡的自滿，你才可以學到世上最深奧的學問啊！」

年輕人慚愧萬分，忙對了悟禪師說：「大師，我懂了。」

倒空你的杯子，你才可以接納到新鮮的淨水，倒空你的心靈，你才能夠不斷容納下深奧的知識。

自滿，往往使一個人活得比塵埃更低；謙虛，常常能使一個人的心靈遠比世界還大。

讓心靈高遠，必須時時倒空我們自己心靈的杯子。

你要最高或最低？

稻穗結得越飽滿，越會往下垂，一個人越有成就，就要越有謙沖的胸襟。

——證嚴法師

一個滿懷失望的年輕人千里迢迢來到法門寺，對住持釋圓說：「我一心一意要學丹青，但至今沒有找到一個能令我心滿意足的老師。」

釋圓笑笑問：「你走南闖北了十幾年，真的沒有找到一個讓自己滿意的老師嗎？」

年輕人深深嘆了口氣說：「許多人都是徒有虛名啊，我見過他們的畫帖，有的畫技甚至不如我呢。」

釋圓聽了，淡淡一笑說：「老僧雖然不懂丹青，但也頗愛收集一些名家精品，既然施主的畫技不比那些名家遜色，就煩請施主為老僧留下一幅墨寶吧。」說著，便吩咐一個小和尚取來了筆墨瓦硯和一疊宣紙。

釋圓說：「老僧的最大嗜好，就是愛品茗飲茶，尤其喜愛那些造型流暢的古樸茶具，施主可否為我畫一個茶杯和一個茶壺？」

年輕人聽了，說：「這還不容易？」於是調一硯濃墨，鋪開宣紙，寥寥數筆，就畫出了一個傾斜的水壺和一個造型典雅的茶杯，那水壺的壺嘴正徐徐吐出一脈茶水來，注入到了那茶杯中去。

年輕人問釋圓：「這幅您滿意嗎？」

釋圓微微一笑，搖了搖頭。

釋圓說：「你畫得確實不錯，只是把茶壺和茶杯放錯位置了，應該是茶杯在上，茶壺在下呀。」

年輕人聽了，笑道：「大師何以如此糊塗，哪有茶壺往茶杯裡注水，而茶杯在上茶壺在下的？」

釋圓聽了，又微微一笑說：「原來施主並不糊塗啊！你渴望自己的杯子裡能注入那些丹青高手的香茗，但你總把自己的杯子放得比那些茶壺還要高，香茗怎麼能注入你的杯子裡呢？澗谷把自己放低，才能得到一脈溪水，把自己放得最低的陸地，才能成為世界上最深的海洋，人，只有把自己放低，才能吸納別人的智慧和經驗啊。」

年輕人思忖良久，終於恍然大悟。

簡單，幸福

在混亂之中發現單純。

——現代物理學之父　愛因斯坦

哲人把一位小孩、一位物理學家、一位數學家同時請到一個密閉的房間裡，在黑暗的房間裡，哲人吩咐他們說：「請你們分別用最廉價又能使自己快樂的方法，看誰能最快地把這個房間裝滿東西。」

哲人吩咐後，物理學家就馬上伏在桌上開始畫這個房間的結構圖，然後埋頭分析這個季節裡哪裡是光束最佳的方位，在哪道牆哪個位置開一扇窗最合適，草圖畫了一大堆，絞盡腦汁的物理學家還是因不能確定在哪道牆上開一扇窗而深深苦惱著。而數學家在聽到吩咐後，立即找來了卷尺開始丈量牆的長度和高度，然後伏案計算這間房的體積，又在苦苦思索能用什麼最廉價的東西恰到好處地把這個房間迅速填滿。

只有那個小孩不慌不忙，他找來一根蠟燭，然後從口袋裡掏出一根火柴，哧地劃亮燃亮了蠟燭，昏暗的房間一下子就亮了。在物理學家和數學家還遲遲皺著眉頭設計著自己的種種方案時，小孩已經歡快地在屋子裡圍著搖曳的燭光幸福地跳舞和歌唱了。

物理學家和數學家看著盛滿燭光的小屋，看著那個不費吹灰之力就簡簡單單獲勝的小男孩不禁面面相覷。

哲人問物理學家和數學家說：「你們難道沒聽說過用燭光盛屋這個古老的民間故事嗎？」

數學家和物理學家說：「我們知道這個故事，可我們是數學家和物理學家，怎麼會用這麼簡單獲勝和獲取幸福的方法呢。」

哲學家嘆口氣說：「假若你們還是孩子，你們也一定會用這個方法的，但因為你們成了大名鼎鼎的數學家和物理學家，簡單就能馬上獲取的快樂和幸福卻被你們套上了一堆堆的圖畫和公式，簡單的心一旦複雜起來，歡樂和幸福就離你們越來越遠了。」

許多幸福原本就是很簡單的，譬如在口渴的時候遇到了一潭泉水，譬如在寒冷的時候找到了一縷溫暖的陽光，但如果我們的心靈不再簡單，你要計算找到泉水需要多遠，你要細算等到陽光需要多久……而幸福距你就越來越遠了。

其實幸福距你很近，只要你的心靈不複雜。

其實得到幸福很容易，只需要你有一顆簡單的心。

過去、現在、未來

不用牽掛過去，不必擔心未來，踏實於現在，就與過去和未來同在。

——聖嚴法師

蘇格拉底就要去世時，他的一群弟子們來到他的病床前，默默流淚的弟子們對他說：「過去，老師您曾給了我們不少的教誨，今天您就要走了，您能給我們迷茫的未來告誡些什麼呢？」

「過去、現在和將來？」蘇格拉底微微睜開他的眼睛自言自語了一句，然後略一沉吟，便淡淡地笑笑說：「好吧，那還是讓我給你們講個故事吧。」

蘇格拉底緩緩地說，曾經有一個哲學家，在經過希臘的一個遠古廢墟時，他累了，於是，他坐在廢墟的一塊石頭上歇息。望著這一片歷史的廢墟，哲學家禁不住感慨萬千連聲嘆息，忽然，有人說：「你感嘆什麼呢？」

哲學家四下望了望，卻沒有看到一絲人的蹤影。這時，那聲音又對他說：「不要張望，我就在你坐的身下。」哲學家聽了，立刻跳了起來，對著自己剛才坐的地方看了又看，只有一個幾乎被灰沙埋沒的石塊，其餘什麼也沒有。

那個聲音笑著說：「我在這兒呢，我就是這塊石頭，你把淹沒我的那些泥土扒開就能看到我了。」哲學家按照吩咐，扒開了石頭周圍的那些泥土一看，那塊石頭原來是一個神像，但令人奇怪的是，這尊神像卻有一前一後兩個面孔。正在這時，這尊神像說話了：「你看見我有兩張臉，一定感到很奇怪吧？其實，沒有什麼奇怪的，因為我是『雙面神』。」

哲學家還是很驚奇，問那尊石像說：「你為什麼要有兩個面孔呢？」那尊石像得意地說：「這你就不懂了，我的一張臉可以望見過去，另一張臉可以展望未來，這是多麼偉大的事情啊！」

「過去和未來？」哲學家沉思了一下問：「那麼現在呢？你能看見嗎？」石像不屑地說：「望過去，我可以回憶起許多美好的事情，展望將來，我可以幻想和憧憬將來許多美好的事情，這多好啊，而現在又只有什麼呢？」

哲學家一聽，笑了說：「現在，你的身旁綻開著一朵花，它那麼地美麗、那麼地芬芳，你能感受到嗎？」石像搖了搖頭。哲學家又說：「現在，有一縷縷清風從你的臉上輕輕地拂過，它是那麼地柔和，那麼地清爽，你能感覺得到嗎？」石像聽了，又惆悵地搖了搖頭。

哲學家惋惜地說：「現在，我身邊藏著一壺飄香的美酒，它是這麼的醇厚，它是這麼的甘美，我可以有滋有味地品嘗它，而你卻不能。回望過去，這壺美酒對你來說，不過是一杯水和穀物，遠沒有釀成一壺美酒；而展望未來，這壺美酒早已被我喝掉了，你看不到美酒，只能看見一個空了的酒壺，更別說一杯一杯美美地享用了。你說，只有過去和未來，而不能擁有現在有什麼可以稱道的呢？」

那尊石像一聽，頓時哭了說：「原來我只活在夢中啊，而活在夢中，一切都是虛無的，什麼也不能得到啊。」

蘇格拉底講完後，他的弟子們說：「老師，這故事讓我們明白了一個道理，只擁有過去和將來就等於沒有生命，最能體現人的生命的，只能是現在。」蘇格拉底笑了。

過去是虛無的，未來是虛空的，只有把握現在，才是真正把握住自己的生命。

第二章

轉身・轉念

千瘡百孔的心

善惡性具，善惡性空。何喜何怒，如空御風。

——弘一法師

犯不著去跟一些小人計較。因為即使你贏回了面子，卻輸了時間和精力。相反的，小人無所謂面子，有的卻是時間和精力，可以跟你耗。兩相比較之下，你就更居下風咯！

美國著名的拳王喬．路易，他縱橫拳壇多年，打敗無數高手。但是他私底下為人卻十分謙和，與場上的勇猛模樣，完全不一樣。

有一天，路易和朋友騎車一起外出，在路上和一輛貨車小小擦撞了一下。對方下了車，氣沖沖的把他們痛打了一頓。

等貨車司機走了以後，他的朋友問路易，為什麼不修理那個傢伙？路易很幽默的回答說：「如果有人侮辱了歌王卡羅素，你想卡羅素會為他唱一首歌嗎？」

不是用武之地，就不必顯露英雄本色。千萬不要因為狗咬了你一口，而有想咬狗一口的想法。

但不是每個人都是天生一副好脾氣。好脾氣是一種修養，它是你經千百次的忍耐，所完成的一種修煉。壞脾氣則是一把雙刃劍，它能傷別人，也能傷害你自己。逞一時口舌之快，而導致嚴重的後果，你認為值嗎？

俗話說：「話到嘴邊留一會。」

如果冷靜的考慮三分鐘，你就會發現，事情有很多種解決方式，而冷靜與心平氣和，絕對是處事的上策。

從前，有個脾氣很壞的小男孩。有一天，他父親給了他一大包釘子，要求他每發一次脾氣，都必須用鐵錘在他家後院的柵欄上，釘一根釘子。第一天，小男孩總共在柵欄上，釘了三十七根釘子。

過了幾個星期，由於慢慢的學會控制自己的憤怒情緒，小男孩每天在柵欄上釘釘子的次數少多了。最後，小男孩變得不愛發脾氣了。

小男孩很高興的把自己的轉變，告訴了父親。他父親又進一步要求他說：「如果你能堅持一整天不發脾氣，就可以從柵欄上，拔下一根釘子。」

經過一段時間，小男孩把柵欄上所有的釘子都拔光了。這時，父親拉著他的手，來到柵欄邊，對小孩說：「兒子，你做得很好。但是，你看看！那些釘子釘在柵欄上，留下的那麼多小孔，柵欄再也不是原來的樣子了。當你向別人發過脾氣之後，你的言語就像這些釘孔一樣，也會在人們的心靈中，留下疤痕。這就好比用刀子刺向了某人的身體，然後又拔出來一樣，無論你說多少次對不起，那些傷口都會永遠存在。你要知道，言語對人所造成的傷害，與使用利器傷害人的肉體，並沒什麼兩樣呀！」

誰也不願意自己的心靈，被「釘」得千瘡百孔，請控制好自己的脾氣與嘴巴吧！

快樂在哪裡？

超越生老病苦三原則：活得快樂、病得健康、老得有希望。

——聖嚴法師

感到孤寂難耐時，要能夠從生活中找到樂趣。遇到麻煩時，要能夠找到解脫的方法。遭受不幸時，要知道從痛苦中掙脫出來。這樣一來，你的心裡自然會是一片光明。

有一個退休的單身老士官，經常走一段很遠的路，來熱鬧的菜市場，找一位鎖匠。因為他常常不小心把門反鎖，要麻煩鎖匠去幫他開鎖。

他在鎖店聊了好一會兒，還對鎖匠說：「不用著急，等你忙完其他事，再過去我家。」

然後，他一個人又慢慢的踱回去，坐在自己的家門口，等待鎖匠的到來。當鎖匠輕而易舉的打開門後，老士官總是客氣的請他喝一杯茶再走。

久而久之，鎖匠漸漸和老士官熟識，卻越來越納悶：為什麼他的大門常常反鎖？幾乎一個禮拜就會發生一次。

後來經過仔細觀察才明白，原來老士官一個人住，無聊之至，有時是故意把門反鎖，讓自己走長長的一段路去找鎖匠、等鎖匠、開鎖、喝茶、聊天……，只須花個一、二百元的開鎖費，就可以打發他大半天無聊的時間了。

善於從生活中找到樂趣的人，永遠也不會孤獨。

「心者，形之君也，而神明之主也。」這句話的意思是，積極的思考，才能讓你擁有快樂。

有一個小男孩高興的拿著一大個蛋捲霜淇淋，一邊走、一邊吃，好不快活。忽然一個不小心，整個可口的霜淇淋掉落到地上，散成一片。

這個男孩子待在那裡不知所措，甚至也哭不出來，只是睜大了眼睛，看著一地的霜淇淋。

這時有個老太太走過來，對小男孩說：「好吧，既然你碰到這樣壞的遭遇，脫下鞋子，我給你看一件有意思的事情！」

接著，老太太又說：「用腳踩霜淇淋，重重的踩！霜淇淋會從你的腳趾縫隙中冒出來喲！」

小男孩子照著老太太的話做了。

「我敢打賭，這裡沒有一個孩子嘗過腳踩霜淇淋的滋味哩！現在趕緊跑回家去，把這個有趣的經驗告訴你媽媽。」

老太太高興的笑著說：「記住呀！不管遭遇什麼事，你總是可以從中找到樂趣啊！」

任何事物都有積極和消極的一面。如果你選擇積極的一面，正面的思考，就會幫助你克服困難，看到樂觀的一面；如果你選擇消極的一面，你所看到的，就是悲觀、失望的一面。

別在意！

太陽光大、父母恩大、君子量大，小人氣大。

——證嚴法師

心胸寬闊的人，會用一顆平靜的心，去面對眾人。所以，他的生活永遠爽朗開闊。唯有能夠接受自己缺陷和不足的人，才能得到別人真正的認同。

有一所地勢較高、能看到大海的中學，上課時，從教室就能看到變化無窮的大海。那年約有八十名新生入學，其中大多數是那些與大海搏擊的漁民子弟。

有一天，老師為新生上第一次課時……

「起立！」

全體新生都都站了起來。

本來嘛！因為是新生，所以大都特別認真，教室出現短暫的寂靜。這時，老師發現有一名學生在耍性子，根本沒有起立。

「站起來！新生一開學就用這種態度，怎麼可以？」

老師用嚴厲的語氣對他說。

這時，由那位同學的坐位處，傳來一個聲音：「老師，我是站著的喲！」

這位同學的確是站著，只是由於個子太矮，看起來像是坐著。

「糟糕！」

老師頓時覺得不安，彷彿做出什麼錯事似的，很為自己的粗心而感到抱歉。但一時之間，竟不知說什麼好，而且如果在此時道歉，反而會傷同學的自尊心。於是，這位老師只好隨口說了一聲：「對不起」。

周圍的學生頓時都笑了起來。

下課後，老師本想找個機會道歉，但忙亂之中竟把這件事忘了。

第二天，天空晴朗無雲，春天的大海碧波蕩漾，老師又為這個班級上了第二次課。

「起立！」

又是短暫的寂靜。忽然，傳來一個洪亮的聲音：「老師，我是站著的喲！」

那位矮個子同學，站在椅子上微笑的說著。

老師覺得眼前一暗。但從矮個子同學的微笑中，可以看出他一點也沒有諷刺意味，更沒有抗議的情緒表露，仿佛輕描淡寫的在說：「老師，沒關係，不要為我擔心。」

這樣體諒人的寬大胸懷，讓這位老師的心口，感到一陣隱隱作痛。

晚上，老師懷著複雜的心情，撥了一通電話給矮個子同學。

「老師，別在意，別在意……」

電話中傳來一個爽朗又充滿稚氣的聲音。

老師長久無語以對。想著明天的天空，想必還是晴朗無雲，大海一定碧波蕩漾吧！

一個人如果能夠把詛咒、怨恨都放下，用大海般的胸懷去寬容他人，生活中還有什麼事情，會讓你失去笑容的呢？

人生可以不煩惱

沒有煩惱這個朋友，你就更清淨自在了。

——心道法師

不論大事小事，要能不煩惱，最簡單的法門就是別把事情放在心上，或是換個角度、或是想都別想，人生自然就能活得開心快活。

第一次登陸月球的太空人，其實有兩位，除了大家所熟知的阿姆斯壯外，還有一位是奧德倫。當時，阿姆斯壯所說的「我個人的一小步，是全人類的一大步」這句話，成為全世界家喻戶曉的名言。

在慶祝登陸月球成功的記者會中，有一個記者突然問奧德倫一個很特別的問題。他說：「讓阿姆斯壯先踏上月球，成為登陸月球的第一個人，你會不會覺得有點遺憾？」

在全場有點尷尬眼神的注目下，奧德倫很有風度的回答說：「各位，千萬別忘了，回到地球時，我可是最先出太空艙的人。」

他環顧四周，笑了笑又繼續說：「所以，我是從別的星球踏上地球的第一個人喲！」

大家在笑聲中，給予他最熱烈的掌聲。

面對惱人的困擾時，解救的最好方法，就是換個角度想！

當然，上述故事中所提的，或許可以說是個大煩惱；但事實上在我們的人生中，更多的其實是那些根本不該去想的小煩惱，人們通常為一些小事情而自尋煩惱，甚至為之寢食不安；如果這樣的小事多了，人豈不要被活活累死，隨意適性的生活，不要羈絆於瑣事之中，才能生活得愉快。

有一次，有個小孩摸著于右任的長鬍子，好奇的問道：「于爺爺，請問您晚上睡覺時，這把長鬍子是放在棉被裡？還是棉被外呢？」

當時于右任答不出來。

到了那天晚上，他上床睡覺時，不管把鬍子放在棉被裡或棉被外，都覺得很不自在，整晚都為這個問題輾轉難眠。平時，他因為根本不曾在意這個問題，所以，鬍子有時在裡面，有時在外面，一切任其自然，反而可以睡得很好。

不要斤斤計較於那些瑣碎的事情，這樣才能放開手腳去做大事。

不要為難自己

生氣，就是拿別人的過錯來懲罰自己。

——證嚴法師

每一個人都可能遇上不幸的事，如果始終把它記在心上，那麼這種不幸將會永遠跟著你，即使你遇上高興的事兒，興奮程度也會大打折扣。如果非要為寬恕找個正當的理由，那麼最好的理由就是：讓自己的心靈獲取自由。

一位從日本戰俘營死裡逃生的人，去拜訪另一個當時關在一起的難友。他問這位朋友說：「你已經原諒那群殘暴的傢伙了嗎？」

「是的！我早已經原諒他們了。」

「我可是一點都沒有原諒他們，我恨透他們了。這些壞蛋害得我家破人亡，至今想起來，仍讓我咬牙切齒，恨不得將他們千刀萬剮……」

他的朋友聽了之後，靜靜的應聲道：「這樣看起來，他們好像還繼續監禁著你……」

使心靈傷口癒合的良藥，是懂得寬恕。記恨別人的同時，也是一種對自己的殘忍。心無芥蒂，心靈才能自由飛翔。

退一步的寬廣

一個人該住什麼樣的地方，事實不在於地方的大小如何，主要在於個人胸襟的寬闊如何。一個胸襟寬闊如當沙彌的朱元璋，雖然席地而臥，卻有法界在我一心的感覺；如果一個心量狹小，不滿現實的人，即使住在摩天大樓裡，也會感到事事不能稱意。

——星雲法師

「忍一時，風平浪靜；退一步，海闊天空。」

粗魯暴躁的人，任情緒來控制自己的行為，而優良品性的人，心中自有一片天地，會根據自身的原則或價值觀來行事。

有個將軍性情十分暴躁，而且很粗魯；他的一位部屬，則是個虔誠的基督徒。

有一次，他們在野地紮營，晚上臨睡前，這個部屬仍像往常一樣跪在睡袋邊禱告。

將軍看見部屬的行為時，臉上掛著輕視的笑容，順手把骯髒的靴子向他丟過去。部屬略受驚嚇，但是仍然繼續禱告，禱告完成後，就躺進睡袋。

第二天早上，將軍赫然發現他那隻骯髒的靴子，被抹得閃閃發光，並且放在他的床邊。

這一件事使他終生難忘，也徹底改變了他對人的態度。

優良的品性，是內心真正的財富，而襯托優良品性的，是良好的教養。

逞一時口舌之快，論一番舌劍刀槍，事情的結果，並不會因此而如己所願，有時甚至還會有惡果發生。所以，何不任自己的個性風格發揚一下，回頭看看海闊天空，相互的寬容，自會出現一條「六尺巷」的餘地。

清代大臣張英，在京城當官時，家人來信告知，正為築牆的事與鄰居打官司。於是張英賦詩一首，托人帶回家。詩詞是：

「千里捎書只為牆，讓他三尺又何妨？長城萬里今猶在，不見當年秦始皇。」

張英這種大氣度感染了家人，讓出了三尺地面，也感動了鄰居，同樣讓出了三尺地面。

這種彼此相讓的美德，流傳於後世，而那一條巷子也被稱為「六尺巷」。

尊重是相互的，你不計較對方的錯誤，反而能使對方，很快認知到錯誤。

是失去了，還是得到了？

浪有高有低，海水依舊是海水；生活有苦有樂，心依舊是心。

——心道法師

失戀是一件很正常的事。然而對於心態不同的人，會有不同的含意。

有位哲學家，晚飯後前往郊外散步，遇見一個人在那兒傷心的哭泣。哲學家問他為何如此的傷心，那人回答說：「我失戀了……」

哲學家聽完，竟然連連拍掌大笑道：「糊塗啊！糊塗！」

失戀人止住了哭泣，氣憤的質問他：「有學問難道就可以這樣隨便的嘲笑別人嗎？」

哲學家搖搖頭說：「我並不是在嘲笑你，是你自己在嘲笑你自己。」

哲學家看失戀人不了解，便接著解釋說：「你這麼傷心，可見你心中還是有愛，可是對方必定無愛，否則你們也不會分手了，對嗎？」

他繼續說：「所以，你的愛還在，並沒有失去呀！你只不過是失去一個不愛你的人，你又何必傷心呢？我看你還是回家去睡覺吧！該哭的應是對方，不是你。她不僅失去了你，還失去心中的愛，多可悲啊！而且，你有什麼好哭的呢？反正舊的不去，新的不來嘛！」

失戀人聽完，破涕為笑，暗恨自己怎麼沒有想透這層淺顯的道理。

他向哲學家深深的鞠了一個躬，然後轉身離去。

所謂「塞翁失馬，焉知非福」。

很多時候，得與失是一種主觀的意識，你認為失去了就失去了，你認為得到了就得到了。樂觀的人，會把一時的失去，當作是一種獲得；悲觀的人，即使獲得了，總是覺得不足。

你種下了什麼樣的種子？

台灣只重視經濟科技發展，忽略倫理道德、宗教信仰，變成畸形的社會；人們應學習慈悲、忍耐與寬恕。

——單國璽樞機主教

一群年輕僧人讀完了經書，就要雲遊天下到塵世中宣佛悟禪了，臨行前，寺中的長老帶他們到寺後一片長滿萋萋青草的荒地上盤腿打坐。長老指著長滿荒草、荊棘的荒地問：「如果我們想讓這片荒地清淨起來，該怎麼辦？」

一個年輕僧人說：「那好辦，將草拔掉不就行了嗎？」

長老說：「可是不久它們還會長起來的。」

另一個僧人說：「將這草一棵一棵連根一起拔出來。」

長老閉著眼搖了搖頭。

又一個年輕僧人說：「用火燒怎麼樣？」

長老還是搖了搖頭。

另一個年輕僧人說：「用石灰將這裡的土拌一拌總行了吧？」老長聽了，還是不滿意地搖了搖頭。

長老說：「如今，大家要到囂囂塵世去宣佛參禪，不久大家就肯定能悟出來很多大道理，怎樣才能使這塊地清淨起來，這個答案，還是等五年後大家雲遊回來再回答吧。」

於是，這群年輕僧人便紛紛離寺托缽雲遊去了。

五年後，這群年輕僧人從五湖四海結束雲遊紛紛回到了寺裡，長老笑著問：「大家雲遊萬里悟禪無數，現在總該告訴我怎樣把荒草野榛變成清淨之地的好辦法了吧？」

這群年輕僧人你看我，我看你，沉默了很久，誰都說不出一個好辦法來，長老見了，微微一笑說：「我已經把那塊荒草萋萋的野地變成清淨之地了，現在，我就帶大家去看一看。」說著，便領著眾人走向寺後的那塊荒地去。

到那裡一看，大家都愣住了，原來的荒地已經不見了，沒有了萋萋野草，也沒有了張牙舞爪的一叢叢荊棘，那裡，早已是綠油油的一大片青翠玉米林了，一棵一棵玉米剛剛吐纓，又寬又綠的葉子像一根根綠絲綢的飄帶縱縱橫橫，在風中飄起一片張張揚揚綠的海洋，築起了一道綠的屏障。

長老笑著說：「這就是讓荒地變成清淨之地的最好辦法，那就是把它變成一片美麗的田園！」

把荒地變成田園是根除野草的最好辦法，那麼，怎樣拔除我們心地上的雜草呢？最好的辦法就是在自己的心靈上撒播愛和美德的種子，使自己的心靈成為一塊善的田園。

讓心靈變成美德的田園，心靈就沒有了雜草的位置，一個人就變得無私和高貴了。

心有美好

動若不止，止水皆化波濤；靜而不擾，波濤悉為止水。水相如此，心境亦然。不變隨緣，真如當體成生滅；隨緣不變，生滅當體即真如。一迷即夢想顛倒，觸處障礙；一悟則究竟涅槃，當下清涼。

——弘一法師

弘一法師托缽遊歷杭州時，恰逢日寇大兵壓城，滿城商店閉門打烊、百姓紛紛背井離鄉逃難，幾個原本準備接待弘一法師的故交因忙於送家人避難而沒有及時等到弘一法師。

到杭州時，弘一法師已囊空如洗，他一路打聽著到靈隱寺掛單，因為大兵壓境，寺內的和尚已傾寺外逃，寺裡只有一個德高望重的方丈和一個小和尚留守寺中。弘一法師來到靈隱寺外，但見寺門緊閉，寺前麻雀悠閒覓食，車馬幾乎絕跡，大師敲開寺門，那個看守寺門的小和尚不認識弘一法師，不耐煩地對法師說：「現在城外日寇大兵壓境，我們寺裡的和尚都四散逃命去了，哪還顧得上你這雲遊僧人呢？別來這裡掛單了，你趕快到別處逃命去吧！」說著就咚地關上了寺門。弘一法師無奈，只得忍著轆轆饑腸，拖著幾乎邁不動的老腿離開了靈隱寺。

離開靈隱寺後，法師無處可去，只好信步沿西湖一路走去。此時恰值五月，西湖之水豐盈澄澈，湖中微風徐徐荷花盛開，走到離靈隱寺不遠的一個湖岸，只見湖中荷葉田田，潔白的荷花雲朵一樣綻開在湖面上，大師頓覺心魂澄澈，萬物清朗，不覺停下腳步，遙對荷花在岸邊坐了下來。

中午時分，守寺的小和尚經過湖邊，見早上被他拒絕的雲遊僧人沒有遠去，還在寺前的湖岸旁席地而坐，小和尚好奇地走上前去說：「你這個僧人，還不趕快到別處逃命，坐在這裡做什麼呢？」

弘一大師聞言，頭也沒回，只是指著湖中的朵朵蓮花說：「你快坐下來看，這荷花開得多麼地好啊！」小和尚一怔，又勸弘一法師說：「荷花開得再好，哪有性命要緊？你還是趕快走吧，幾朵荷花哪有性命重要！」大師不理不睬，依舊癡癡地遙望著湖水中的荷花，小和尚無奈，搖搖頭嘆息一聲拂袖走了。

回到寺裡，小和尚對方丈說：「不知從哪裡來了個癡僧人，早上來咱們寺裡掛單，被我拒絕了，勸他還是逃命要緊，不想他竟被西湖中的幾朵荷花迷了，現在還坐在湖邊呆呆地賞荷花呢，我好心好意又去勸他走，他卻不理不睬，只說荷花開的真好，還邀我同他共賞荷花呢，你說這和尚是不是太癡呆了。」

方丈一聽，立刻責怪小和尚說：「你怎麼不開門讓他進來呢，這樣的僧人一定是得道的高僧啊！」小和尚不解地說：「看他蓬頭垢面癡癡傻傻的樣子，可能是個瘋僧，怎麼能是高僧呢？」

方丈嘆了口氣說：「大兵壓城，他卻不去逃命，掛單被拒，他卻不馬上另投他方，幾朵荷花卻能讓他如癡如醉置生死於度外，不是心地澄明，四大皆空的高僧，誰能做到呢？」方丈站起來說：「快，快帶我去見高僧！」

倆人來到湖邊，見那僧人果然還在如癡如醉地賞荷，方丈忙施諾說：「不知高僧來敝寺，請高僧海涵！」弘一法師回過頭來，一指湖中說：「瞧，那荷花開得真好啊！」

方丈小心翼翼問：「敢問大師法號？」那僧人說：「貧僧法號弘一。」

「弘一？」小和尚大吃一驚，難道他就是那位名揚四海的弘一法師啊？在寺裡安頓下弘一法師後，小和尚問方丈說：「你怎麼能知道他就是高僧呢？」

方丈說：「一個在亂世中能胸藏荷花的人，他不是佛，也是距佛不遠的人，怎麼能不是高僧呢？」

是啊，一個胸藏荷花的人，如何能不是佛呢？胸藏荷花，胸存美好，只要你心裡有一朵荷花，你早晚都能飄逸出自己生命的清香。

藏在耐心中的是……

世間最大的力量，是忍耐。

——星雲法師

一位德高望重的禪師帶著一個年輕的僧人外出雲遊，有一天，他們經過一條小溪，那條小溪的溪水清亮、甘爽，老禪師禁不住讚嘆說：「多麼醇美的一條溪水啊！」

年輕僧人也禁不住隨聲附和說：「這真是塵世上難得的一條淨溪了。」老禪師笑笑，什麼也沒有說。

但不久，便下起了暴雨，那場暴雨下得風狂雨驟，滂沱大雨停下後，老禪師把鉢遞給年輕僧人說：「現在，我實在口渴得很，請你帶著鉢去剛才經過的那條小溪盛回一鉢清水來。」

年輕僧人高興地接過鉢馬上走了。

過了一會兒，僧人失望地回來了，老禪師問：「水呢？用鉢盛回清水了嗎？」年輕僧人沮喪地說：「我找到了那條小溪，可那條小溪現在渾濁不堪，有小鳥飄落的羽毛，有枯草，還有許多被暴雨沖下來的枯木屑，根本就喝不成，所以我就空鉢趕回來了。」

老禪師說：「那我們就等一等吧。」

禪師和年輕僧人在樹林等了半上午，禪師吩咐年輕僧人說：「現在，你可以再去找那條小溪端回一鉢清水回來了。」年輕僧人說：「那條小溪太髒太渾濁了，怎麼會有清水呢？」

禪師微微一笑說：「你現在盡可放心地去，肯定能盛回來一鉢清水的。」

年輕僧人半信半疑地走了，他穿過茂密的樹林，走過濕漉漉的草葉上掛滿晶亮晶亮雨珠的草地，到了那條溪邊一看，他十分驚訝，原來這條小溪又清亮極了，那水像晶瑩的玉液，溪底的沙子石粒粒粒清澈可辨，游在溪水裡的小魚小蝦，像游在透明的空氣裡。僧人彎腰俯在溪邊，就像是對著一個光亮的鏡子，一根根眉毛都清晰可見……

年輕僧人高興地盛了一缽清水，然後小心翼翼地端著回去找禪師，見到禪師，年輕僧人說：「真是十分奇怪，這少半天的功夫，那溪水又變得十分澄澈了。」老禪師接過僧人的清水，把它潑在地上說：「我並非什麼口渴，如此三番五次讓你去看那條小溪，我只是要讓你明白一個道理。」

年輕僧人低頭想了想興奮地說：「我知道這個道理了，那就是，在生命的河流中，沒有什麼東西是永恆的，只是需要我們的耐心。」

老禪師聽了，讚許地輕輕點了點頭。

生命的河流是沒有什麼是永恆的，歡樂與憂愁，貧窮和富足，困難和得意，笑容與淚水……，只要當我們面對的時候，能有一顆平和而寧靜的耐心。

有一顆耐心，事情與世界就一定會有讓人滿意的轉機。

化解尷尬的智慧

何以息謗？曰：「無辯」。何以止怨？曰：「不爭」。

人之謗我也，與其能辯，不如能容。人之侮我也，與其能防，不如能化。

——弘一法師

有的時候，命運就是這麼巧妙，熱心助人卻難免會遇到好心沒好報的尷尬情況，一天的好心情就毀在那些曾經得到自己幫助的人的手中。

所以，對於那些貪婪的人，千萬不可以同情。

有一個善良的人士，常常周濟他住處附近的一個乞丐，每個禮拜他經過乞丐家時，都會固定施捨給乞丐幾百塊錢。後來那個善心人士結了婚，周濟的錢就減少了，改為一百塊錢。又過了一段時間，他有了小孩，只能給那個乞丐二十元。

沒想到乞丐看了看錢，居然把錢丟回還給他，並且很不高興的說：「給這麼點兒錢，哪夠用呀！」

善心人很不好意思的說：「我已經結婚、生子了，所以給你的錢少了……」

乞丐居然還憤憤的說：「誰叫你把我的錢拿去養家活口的？」

對不知趣或者貪得無厭的人給予以幫助，無異是引狼入室；不如把善良的心，獻給善良的人。

而有的時候，人們遇到的尷尬場面，是那種進退兩難的局面，面對別人的善心懇求和自己的滿心不願，往往會讓人陷入痛苦的深淵。

鋼琴家亞瑟·史凱納伯的琴藝出眾，但他生平最不願意做的一件事，就是演奏結束之後，繼續表演安可曲。

可是，有一次，當他在巴黎表演時，聽眾卻不管他肯不再演奏，一直鼓掌不停。經過好長一段時間的拉鋸，史凱納伯拗不過，終於屈服下來，同意再彈一曲。

他坐下來的時間，是零晨一點四十分，當他彈完站起來的時間，已經是淩晨五點五分了。他彈了一支連續三小時又二十分的長曲子。

從此，各地的聽眾再也不敢勉強他了，這也是他唯一彈的一首安可曲。

處人不可任己意，要悉人之情；處事不可任己見，要悉事之理；做人雖要廣開方便之門，但有時候也要懂得運用自己的智慧，彈性的委婉拒絕別人的請求。

當然，有的時候我們所面對的尷尬，卻是那種無法避免的窘困，例如求人辦事時，難免會遇到被人拒絕的時候。那時到底是要一走了之，還是繼續相求，這就要靠我們的智慧抉擇了。最好的辦法，就是從容的面對現實，冷靜的分析問題，才能達到目的。有勇氣的人，心中總是充滿信念。

一位修女為了替孤兒院募款，特別去拜訪一位吝嗇的富翁。

當天非常不巧，富翁因為股票跌停，心情不佳，又看到修女來的不是時候，一時大為惱火，揮手就打了修女一記耳光。

但是修女既不還手，也不還口，只是微笑的站著不動，富翁更加惱怒，立刻開口罵道：「怎麼還不快滾！」

修女回答說：「我來這裡的目的，是為孤兒募款，我已經收到您給我的『禮物』，但是他們還沒有收到禮物。」

富翁因修女的態度真誠，大受感動，以後每個月都自動送錢到孤兒院去。

原諒對方的冒失，有時可以收到驚人的收穫。自己受到委屈時，給自己一點幽默的自嘲，通常會喚起他人對你的理解。

橫在心裡的阻礙

積習是阻礙我們拋掉煩惱、是非的障礙。

——心道法師

世界短跑名將路易士回到他的母校時，他的老師和校友們和他做了一個有趣的遊戲。

路易士和幾個校友被帶到一間屋子裡，然後用黑布蒙上他們的眼睛，他的體育老師跟別的人什麼也沒有說，只是告訴路易士說：「這是一場跨欄短跑賽，看看你被蒙上眼睛後還能跑出怎樣的速度。」

路易士問：「是否一切都如真的跨欄比賽一模一樣？」他的體育老師說：「是的，除了蒙在眼睛上的黑布外，一切都和百米跨欄短跑賽一模一樣！」

路易士和幾個校友被蒙著眼睛帶在了起跑線上，當發令槍「砰」地一聲響過後，路易士和幾個參與遊戲競賽的選手馬上跑了起來，而當其他的選手甩開雙腿低著頭如離弦之箭拚命地向前衝刺時，路易士卻小心翼翼。他邊跑邊隨著自己的步伐嘴裡不停地念叨著什麼，在別的選手毫無顧忌地向前奔跑時，路易士卻每隔幾步就要像奔鹿似地高高躍起，像是正在跨越什麼，令觀眾感到十分地好笑。

當其他選手早就跨越終點線時，世界短跑名將路易士卻被遠遠地甩在後面。到達終點後，主持遊戲的老師要求他們不要馬上揭掉自己眼上的那塊黑布，給他們宣讀了各自的賽跑成績，當然，路易士是成績最差的。主持遊戲的老師問路易士面對如此糟糕的成績有些什麼感想？路易士不好意思地說：「我沒有想到我的校友們百米跨欄水準竟如此高超，因為在比賽中，我沒聽到一次橫欄被撞倒的聲音。我更沒有想到自己跨欄的經驗已經如此地精確，當我在心裡暗暗數著自己的步伐，僅憑自己的感覺跨過一次次橫欄時，我也沒有撞到過一次橫欄，我為自己的感覺和經驗而深感自豪和滿意！」

面對洋洋得意的路易士，主持遊戲的老師吩咐取下路易士和其他選手臉上緊蒙著的那一塊黑布。

取下黑布，看了一眼跑道，路易士就愣住了，因為他剛剛跨欄的跑道上並沒有一根橫欄。老師微笑著問路易士：「現在你總該知道自己落後的原因了吧？」

路易士說：「是的，是因為你告訴我這是一場百米跨欄比賽。」

老師聽了搖搖頭說：「不，不是這樣，只是因為你的心裡有著一道一道高高的跨欄，正是這些跨欄攔住了你奔跑的腳步。」路易士邊聽邊不住地點頭，最後，他補充說：「還有一條也很重要，那就是我的百米跨欄感覺和經驗！」

老師和校友們都為路易士熱烈地鼓起掌來。

怎麼不是呢？在我們的人生中，我們所遇到的最大障礙，不是那些風雨和坎坷，而往往是經驗和常識在我們心靈上搭起的一道道跨欄，由於這些橫在心靈上的木欄，我們變得怯弱、畏懼和邁不開腳步了。

不可逾越的不是高山，而只是你心靈上的一粒塵埃。只有搬掉我們心靈上的跨欄，我們才能真正跑出自己的最佳速度。

毀滅自己的力量

瞋恚害人，會破壞處世善法。為了一時的不能忍，不僅破壞了處世的好名譽，也會破壞過去一切的功德及修養。瞋怒心比猛火還厲害，猛火燒毀的物質，可以經由努力再失而復得；但一個人的人格如遭自我破壞，即使花再多的錢也買不回來。

——證嚴法師

海克力斯是古希臘神話中一位英雄，他力大無窮，可以搬山，也可以填海，打遍天下卻幾乎找不到一個能和自己匹敵的對手。

有一天，海克力斯因為追擊敵人而走到了一條崎嶇、狹窄的山道上，在他就要追到對手的時候，那個狡猾而陰險的對手忽然丟下一個袋子擋在海克力斯前進的路上。海克力斯十分惱怒，他不屑地喊：「連山我也能一腳踢翻，何況你這個破袋子，收起你的伎倆吧！」海克力斯邊喊，邊飛起一腳狠狠踢在那個袋子上，但令海克力斯吃驚的是，自己狠狠的一腳不僅未把那條袋子踢飛，那袋子反而因海克力斯這狠狠的一腳反而變得比剛才更大了。

惱怒萬分的海克力斯又狠狠飛起一腳踢在袋子上，那袋子還是紋絲不動，反而又大了不少，甚至一下子就把海克力斯的道路堵死了。海克力斯怒火萬丈，他彎腰拔下身邊的一棵大樹，舉起大樹狠狠地砸向那可惡的袋子，但無論他多麼用力，那袋子卻始終完好無損，只是隨著海克力斯一次又一次如雨點般的狠砸，那個袋子變得越來越大，剛才還是一個微不足道的袋子，卻眨眼間卻變得比山還大，甚至連天空和大地也要裝不下它了，而且，海克力斯砸一次，袋子裡總有個人洋洋得意地譏笑海克力斯說：「你這個笨熊，你砸呀，你砸呀，再過一會兒，我不費吹灰之力就足可壓死你！」

海克力斯已經累得精疲力竭了，但那越來越大的袋子卻依舊完好無損，而且變得越來越硬、越來越堅固。

正在海克力斯束手無策的時候，這時，從樹林裡跑出了一個白髮蒼蒼的聖人，聖人大喊：「英雄，請千萬別踢、別砸這個袋子了，要不，它一定會將天脹塌的，請馬上住手！」

海克力斯大吃一驚，他不知道這麼一個破袋子為什麼竟有如此巨大的魔力？聖人告訴海克力斯說：「這個袋子叫仇恨袋，魔力無窮，如果你犯它，心裡老記著它，它就會越來越膨脹，甚至可能將世界毀滅，如果你不理睬它，對它視若無睹，那麼它就會小如當初，連一點點的魔力也沒有。」

聖人感慨說：「心中充滿仇恨，是一個人毀滅自己和毀滅世界的最大禍根啊！」

拂去我們心中的怨恨，讓我們的心靈多一份寬容，那麼，我們人生的路上就會少掉「仇恨袋」一樣膨脹起來的高山，就能擁有更多的平坦和陽光。假若一個人心裡總是裝滿怨恨的火藥，它可能不會炸毀別人，最容易毀滅的恰恰是他自己。

不給怨恨在我們的心靈以一席之地，這是我們生命平安和幸福的永恆祕訣。

面對流言蜚語時

不為外物所動之謂靜。不為外物所實之謂虛。

——弘一法師

一個年輕人千里迢迢找到燃燈寺的釋濟大師說：「我只是讀書耕作，從來不傳不聞流言蜚語，不招惹是非，但不知為什麼，總是有人有惡言誹謗我，用蜚語詆毀我，如今，我實在有些受不了了，想遁入空門削髮為僧以避紅塵，請大師您千萬收留我！」

釋濟大師靜靜聽他說完，微然一笑說：「施主何必心急，同老衲到院中撿一片淨葉你就可知自己的未來了。」釋濟帶年輕人走到禪寺中殿旁一條穿寺而過的小溪邊，順手從菩提樹上摘下一枚菩提葉，又吩咐一個小和尚說：「去取一桶一瓢來。」小和尚很快就提來了一個木桶一個葫蘆瓢交給了釋濟大師，大師手拈樹葉對年輕人說：「施主不惹是非，遠離紅塵，就像我手中的這一片淨葉。」說著將那一枚葉子丟進桶中，又指著那桶說：「可如今施主慘遭誹謗、詆毀深陷塵世苦井，是否就如這枚淨葉深陷桶底呢？」年輕人嘆口氣，點點頭說：「我就是桶底的這枚樹葉呀。」

釋濟大師將水桶放到溪邊的一塊岩石上，彎腰從溪裡挖起一瓢水說：「這是對施主的一句誹謗，企圖是打沉你。」說著就嘩地一聲將那瓢水兜頭澆到桶中的樹葉上，樹葉激烈地在桶中蕩了又蕩，便靜靜漂在水面上。釋濟大師又彎腰挖起一瓢水說：「這是庸人對你的一句惡語誹謗，企圖還是要打沉你，但施主請看這又會怎樣呢？」說著又嘩地倒下一瓢水，澆到桶中的樹葉上，但樹葉晃了晃，還是漂在了桶中的水面上，年輕人看了看桶裡的水，又看了看水面上浮著的那枚樹葉說：「樹葉秋毫無損，只是桶裡的水深了，而樹葉隨水位離桶口越來越近了。」

釋濟大師聽了，微笑著點點頭，又挖起一瓢瓢的水澆到樹葉上，說：「流言是無法擊沉一枚淨葉的，淨葉抖掉澆在它身上的一句句蜚語、一句句誹謗，淨葉不僅未沉入水底，卻反而隨著誹謗和蜚語的增多而使自己漸漸漂升，一步一步遠離了深淵底了。」

釋濟大師邊說邊往桶中倒水，桶裡的水不知不覺就滿了，那枚菩提樹葉也終於浮到了桶面上，翠綠的葉子，像一葉小舟，在水面上輕輕地蕩漾著、晃動著。

釋濟大師望著樹葉感嘆說：「再有一些蜚語和誹謗就更妙了。」年輕人聽了，不解地望著釋濟大師說：「大師為何如此說呢？」

釋濟笑了笑又挖起兩瓢水嘩嘩澆到桶中的樹葉上，桶水四溢，把那片樹葉也溢了出來，漂到桶下的溪流裡，然後就隨著溪水悠悠地漂走了。釋濟大師說：「太多的流言誹語終於幫這枚淨葉跳出了陷阱，並讓這枚樹葉漂向遠方的大河、大江、大海，使它擁有更廣闊的世界了。」

年輕人驀然明白了，高興地對釋濟大師說：「大師，我明白了，一枚淨葉是永遠不會沉入水底的，流言蜚語，誹謗和詆毀，只能把純淨的心靈淘洗得更加純淨。」釋濟大師欣慰地笑了。

淨葉不沉，純淨的心靈又有什麼能把它擊沉呢？即使把它埋入污泥深掩的塘底，它也會綻出一朵更美更潔的蓮花。

第三章

轉身・多想想

過程的況味

一個人心胸開闊，事事如意，不論到那裡都覺得這個世間很美好。

——星雲法師

大衛和羅斯以前是英國倫敦一家環球公司的資深業務員，由於業務的關係，他倆幾乎一生都在奔波，幾乎世界的每一個角落裡都留下了他們的足跡。他們過去常常自豪地說：「我們真可算得是旅行家了，世界上幾乎每個有人類生活過的地方我們都過去。」

如今，年邁的他們從工作中退下來了。生活對大衛來說，一下子變得悠閒而寂寞了，他整日無所事事，在家裡看看報紙，弄弄院子裡的花草，簡直無聊透了。而羅斯可就不同了，這個瘦瘦的、滿頭銀髮的老頭子退下來沒多久便很快成了倫敦電視台、報紙等新聞媒體爭相追逐的「老寶貝」。十幾家報刊雜誌在爭相設立他的旅行趣聞專欄，幾家電視台都在千方百計地邀他做「旅遊」、「風情」、「遊覽」等欄目的嘉賓，甚至有記者撰文稱他是「難得的旅行家」了。

大衛怎麼也想不明白，當初自己在公司跑業務時，業績不僅不比羅斯遜色，而且去的國家和地區絕對不比羅斯少，那麼自己為什麼沒成旅行家，而羅斯卻成了這麼一位聲譽鵲起的旅行家呢？大衛想來想去也沒想明白，於是，大衛提筆給幾家報刊和電視台去信說：「我和羅斯是同事，我到過的地方甚至比他多，但他卻能這麼連篇累牘地寫旅遊文章或做旅遊節目的嘉賓，我想他不過是在一次次杜撰，或者是在欺騙讀者和觀眾們！」

接到大衛的信函後，報刊和電視台都很重視，為了能立刻驗證正紅極一時的老羅斯是否在做天方夜譚式的杜撰或欺騙，倫敦的一家著名電視台決定把大衛和羅斯這兩個老頭兒一起請來，然後做一期直播節目，讓讀者和觀眾一辨真偽。

大衛和羅斯這兩個腰身佝僂、步履蹣跚、滿頭白髮的老頭都應邀而至，當節目主持人向羅斯提出了大衛的困惑和疑問後，羅斯微笑著問大衛說：「我們兩個可能過去都去過印度的新德里，那麼大衛先生，您能告訴我您是如何去新德里和從新德里返回倫敦的嗎？」

大衛說：「這很簡單，我搭航班直接從倫敦飛往新德里。」羅斯聽了，微微一笑又問：「那麼您又如何從新德里返回倫敦呢？」

大衛不加思索地說：「還是搭航班，從新德里直飛倫敦就行了。」

羅斯說：「那麼在旅途中您看到了什麼呢？」

大衛想了又想，還是無奈地攤開手說：「白雲，噢，是白雲，除了白雲，在航班上我們還能看到什麼呢？」

羅斯不無惋惜地笑了笑說：「我可跟您不一樣大衛先生，我去印度的新德里時，是搭乘火車、搭汽車和坐輪船，我從倫敦出發，先到法國的巴黎，然後從巴黎到匈牙利、羅馬尼亞，再橫越黑海到土耳其、伊朗，又途徑巴基斯坦才抵達印度的新德里的，在旅途中，我不僅領略了香榭麗舍大街的美麗和優雅，還看到了黑海的碧波和遊船，觀賞了伊朗的浩淼沙漠和阿拉伯民族的民俗風情……」

羅斯接著說：「從新德里返回時，我走的是另一條路線，我從印度出發，遠航印度洋到非洲的索馬利亞，然後經紅海、埃及進入地中海，最後從德國回到倫敦，這條路線上風景更迷人了，不僅有神話般的金字塔、獅身人面像，還有一望無垠的撒哈拉大沙漠……」羅斯詳細解說著自己旅途中的所見所聞，讓大衛、節目主持人甚至觀眾們都聽得著了迷。

羅斯替大衛惋惜說：「你遠去印度，只有起點和目的地，卻沒有過程。而我呢，像撿拾一粒粒散落的珍珠一樣，從不走馬看花，而是把過程中的一切都仔細串了起來，所以當你跑遍世界卻兩手空空的時候，而我卻擁有了旅程上的一串串璀璨項鍊。我現在能撰寫那麼多風光旖旎的異域或風土人情文章，能被觀眾這麼喜愛，僅僅是因為我沒有忽略過程。」

大衛嘆了一口氣說：「我現在明白自己為什麼行遍世界卻不能成為旅行家的原因了，那就是因為我只有目的地卻丟掉了過程。過程才是豐富人生的惟一辦法，過程才是一個人的真正財富啊！」

其實，我們的一生又何嘗不是一種過程呢？在人生的旅程上，許多人總是行色匆匆地直飛自己人生的目的地，忽視了生活的酸甜苦辣，也忽視了生命的幽深況味，當他們回首自己的一生時，他們的歲月一片空白。

而一些人卻櫛風沐雨，他們蹀躞過人生幽寂的山陰小道，又橫渡過人生的滔天濁浪，他們品味過深夜裡的青燈瘦影，又體味過喧嘩人生的世態炎涼……當他們回首自己的一生時，他們仿佛就擁有了五彩繽紛的一串串晶瑩而燦爛的水晶項鍊，而那每一顆璀璨的珍珠，就是他們自己的一段歲月或一段人生。

珍惜我們人生的過程，因為過程才使我們的生命充實和豐富，因為過程才會使我們的人生璀璨和燦爛。

堅守你的原則

一個人滿懷信心，朝自己的夢想前進，並努力活出自己想要的人生，就會獲得意想不到的成功。

——美國哲學作家　梭羅

一個美術大師帶了一批徒弟，徒弟們就要畢業的時候，大師說：「現在，我要讓你們知道，什麼才是真正的藝術家。」

大師領著他的徒弟們來到一個鄉村裡，大師把自己在大賽上曾獲得過全國金獎的一幅得意之作掛出來，這是一幅工筆作品，叫《鄉村女人》，畫面上的鄉村女人，雖說素面朝天穿著十分簡樸，但仍然飄溢著一種令人心動的神韻。

大師又拿出一把畫筆，對湧到畫前的人們說：「誰如果認為這幅畫有哪裡畫得不成功，歡迎他上來一試身手進行塗改。」

一個大手大腳的男人站了出來，他不滿地說：「女人要下田做活、洗衣、做飯、帶孩子，她的手指那麼細怎麼行？」他拿起一支畫筆把畫上那個女人的纖纖玉指又描粗實了不少。這個男人剛畫完，一個老頭就站了出來，老頭不滿地說：「她的腰肢太細了，這樣細的腰，只有城裡的女孩子才有，鄉下女人的腰這麼細怎麼能行呢？」這個老頭上來把畫上女人的腰又放大了尺寸。

老頭還沒畫完，一位婦女又站了出來，嚷嚷著說：「她的臉太白了，我們鄉下女人，整天風吹日曬的，臉怎麼能那麼嫩呢？」這個婦女立刻抓起筆，將畫上女人的臉盤塗得又灰又紅。接著，一位老太太也站了出來說：「這個女人的頭髮太黑又太長了，我在咱鄉下生活了快一輩子，怎麼能不瞭解咱鄉下的女人？整天為熬日子發愁，風裡來雨裡去的，頭髮都是又枯又黃，再說，留那麼長的頭髮，下田幹活都礙事，瘋子才會留那麼長呢。」老太走到畫前抓起畫筆，就像操起一把鋒利的剪刀，嚓嚓嚓嚓就把畫上女人的長髮裁短了，然後又在那蓬亂的頭髮上畫上幾筆說：「這是草葉和麥穗。鄉下女人，誰不是頭髮上常常粘惹些草葉和麥穗呢？」

老太太剛剛滿意地丟掉畫筆，一個村莊裡開雜貨店的店主不滿地上來了，他說：「鄉下女人怎麼會戴玉鐲呢？不值錢又容易碎，金鐲子才是我們鄉下女人心愛的尤物！」他拿起畫筆，將畫上女人手腕上的玉鐲塗成了金光閃閃的金鐲，並且在女人的耳朵下畫了兩個大大的金耳墜。

一個個體診所的醫生把畫上女人的腳塗改了，他說：「畫上這女人的腳看上去那麼軟，像沒骨頭似的，這實在太不符合實際嘛，看看咱村裡女人們的腳，哪一個不是又瘦又大的？」他把畫上女的腳塗得又瘦又大，並且還畫上了兩個黑黑的雞眼才滿意地丟掉了畫筆。最後走上來的是一位鄉村小學美術老師，他站在畫前端詳了半天說：「鄉下的女人沒讀過多少書，胸裡沒多少墨，哪會有這種仕女一樣的神態啊？不行不行，這神態一點也不像。」他拿起畫筆，把畫上女人嘴角的那一抹淡淡的微笑抹掉了，然後又塗改了畫上女人那略帶憂鬱又略含羞澀的眼神，使畫上的女人顯得神態呆滯面無表情，他才滿意地說：「這才是鄉下女人嘛。」

半天的功夫，大師的那幅得意之作早就變得面目全非了。大師指著被塗改得亂七八糟的那幅畫對自己的徒弟們說：「你們現在終於明白了什麼是藝術，什麼才是藝術家了吧？」徒弟們看著那幅被改得俗不可耐、一文不值的作品，神情凝重地點了點頭。

大師說：「一個人太媚俗，他就成為不了藝術家，一幅作品太媚俗，這幅作品就會一文不值。」大師頓了頓說：「一個真正的藝術家，絕對不能被世俗所左右，必須時刻堅守你自己的高貴！」

堅守自己的高貴，你才不會被世俗所淹沒；堅守你的原則，你才不會被生活所塗改；堅守你的信仰，你才能邁向偉大……

期望自己的生命出眾，就不能讓自己的心靈媚俗，就必須堅守自己的原則，仰望偉大的孤獨。

出色的缺陷

知道自己的缺點愈多，成長的速度愈快，對自己的信心也就愈堅定。

——聖嚴法師

他是一個技藝高超的木匠，不管是多麼破爛、多麼彎曲的木頭，只要你交給他，他都會化腐朽為神奇，奇蹟般為你做出一件讓你滿意萬分的傢俱。

但更讓別的木匠羨慕不已的是，他的製作手藝高超不說，更拿手的是他的修補手藝，不管是門窗、櫃子、椅子、凳子，斷腿的、缺角的、有破洞的。只要交給他，他很快就把它們修補得完好如初，甚至許多經他手修補的傢俱，就像是一件做工精細的工藝品。

有一天，他家的椅子壞了，他的妻子對他說：「這把椅子的木頭朽到不行了，我們有現成的木料，乾脆，你重新給我做幾把椅子吧。」他拎起那幾把破椅子看看，說：「有我這把手藝，你還愁沒椅子坐？」他取來幾根木料，呼呼噹噹忙了半天，那些原本斷腿的、爛洞的椅子就被他一一修好了。他的手藝雖然好，但新用的木料和原來椅子的木料新舊不一，椅子雖然坐著很舒服，但木料色澤不一，就像一件打了補丁的衣服，外表很不好看。

椅子用了半年，有的地方又壞了，那都是些原來沒修補過的地方。他的妻子說：「你有手藝我們又有木料，這次，乾脆重新做幾把新椅子算了，坐著舒服，又漂亮好看，反正，那些木料不用也在牆角裡閒著。」

他一一拎起那些椅子看了看，說：「重新做浪費木料，只用幾根就能修補好了，我有這手藝，還是修補修補吧。」他又取了幾根木料，忙碌半天很快又將那些缺胳膊少腿的破椅子修補好了。但沒過多久，那些修補過的椅子有許多又破了，於是他又鋸了幾根木料進行了修補……

幾年過去了，那些椅子又壞了，他又去牆角取木料想重新修補時，才發現那堆木料已經用完了。他的妻子埋怨他說：「重新做幾把椅子多好，木料新，又漂亮又結實，可你非要一次次修補，家裡沒坐上過新椅子不說，還把那堆木料用完了。」

他妻子又拉他去看自家的大門說：「瞧瞧咱家的大門，也是因為你會木工手藝，更擅長木工修補，破一塊地方你補一塊，破兩塊地方你補一對。你去瞧瞧鄰居的大門，再看看我們家的大門，簡直不能相比！」他踱出院子，看一眼自己家的大門，果然補得東一塊的西一塊的十分難看，而鄰居家的大門，個個做得漂亮又氣派，刷著鮮亮的紅漆，自己家的簡直和別人不在一個檔次，根本沒法相比。

他驀然明白了，正因為自己是一個手藝高超的木匠，所以自己家裡才沒有一件像模像樣的傢俱，才沒有渾然一新的大門和一把嶄新的椅子啊。

「屠戶家裡沒肉吃，木匠家裡沒傢俱。」這是一句十分古老的諺語，可能是說屠戶和木匠，但又何嘗不是在警示我，警示你，警示生活中的每一個人呢？行業上的造詣很重要，但恰恰是因為我們擁有一技之長，就像這位木匠那樣，能夠為別人打造千萬把椅子，而自己家裡卻沒有一把舒服的椅子坐呢？

過於看重自己的長處，往往製造了自己的缺陷，一個人的不足，常常就隱藏在他最出色的地方。

跌在一粒沙上

態度看似小事一樁，造成的差異卻很大。

——英國前首相、諾貝爾文學獎得主　邱吉爾

一個前攀岩冠軍在一次參加攀岩比賽時，負責比賽的裁判提醒他和其他參賽的選手們說：「請大家檢查一下自己的鞋子，看看裡面是不是有沙子。」

許多選手聽到這個善意的提醒後，紛紛脫掉自己的鞋子，認真地將鞋子倒了又倒。只有這位前冠軍運動員置若罔聞，根本不予理睬。其

實，他已經感到自己的鞋子裡面有一粒沙子了，那是一粒很小的沙子，就在他的大拇腳趾下，已經微微地硌到了他的腳趾，癢癢的，卻一點兒也沒有令他不適和疼痛的感覺。當別的運動員在認真地檢查鞋子時，他看著他們，心裡感到十分地好笑：那麼高的一座山，一粒沙子能影響什麼呢？比賽需要的是技巧和耐力，這和鞋裡的一粒沙子有什麼關係呢？

他也認識這次來和他一起參賽的許多運動員，他與他們較量已經不止一次、兩次了，他們許多人根本不是自己的對手，耐力那麼差，又缺乏靈活和技巧，每次比賽，自己總是遠遠地把他們甩在自己的身後，別說自己鞋子裡只有一粒沙子，就是有十粒，那又有多大的影響呢？又怎麼能阻撓自己去摘取冠軍的金牌呢？

比賽如期開始了，在裁判員一聲響亮的發令槍響後，運動員們頓如脫韁的野馬，騰、挪、飛、躍，爭先恐後地向山崖的頂端奮力爬去。他憑著自己的嫺熟技術和過人臂力，很快就從佇列中脫穎而出，搶在了運動隊列的第一名，可攀了不到一百公尺遠，他就感到自己的腳椎心的疼痛起來，那粒沙子就像一顆鋒利的牙齒，他每動一下，它就狠狠地咬一口他的腳趾，讓他的那隻腳不敢用力。這明顯影響了他的速度和敏捷，他踮著那隻腳，就像一隻瘸了腿的羚羊，只能靠一條腿在懸崖上前進了。

一個運動員超過了他。

又一個運動員超過了他。

所有的運動員都先後超過了他。他知道，如果不是鞋子裡那粒可惡的沙子，那麼，那些人根本不可能追上自己，更別說把自己甩在他們的身後了。

比賽結束了，雖然他也咬著牙爬到了山峰的頂端，但他是最後一個爬上的。他傷心地脫掉鞋子，痛恨地在已經血肉模糊的鞋子裡尋找那粒沙子。那是一粒只有針尖大小的沙子，黑黑的，根本不起眼，誰也不會相信，這麼微若塵粒的一粒沙子，能夠影響一個運動員的成績，但他知道，就是這一粒沙子，使他丟失了一次摘取金牌的機會；就是這一粒沙子，讓自己在競賽時出人意料地喪失了技巧和能力；就是這粒輕得像羽毛似的沙子，沉重得使自己喪失了再一次走上冠軍獎台的機會。

因為一粒沙子，他丟失了一塊金牌。

倒出我們鞋中的哪怕一粒沙子，記住，絆倒我們的往往不是高山，而常常只是我們鞋子裡的一粒沙子。

再多想一下

人生並不全然是由所發生的事情所建構，而是思想的風暴不斷激盪著他，並創造了他的人生。

——美國小說家　馬克・吐溫

魏格納是上個世紀世界上最偉大的科學家之一，他提出了大陸板塊漂移學說，是二十世紀世界地理史上最偉大的學說。這樣嶄新又偉大的學說，是不是魏格納皓首窮經、付出了巨大的努力才取得的來之不易的成果呢？不了解魏格納的人都會這樣認為的。但恰恰相反，大陸板塊漂移學說對魏格納來說不過是一件十分偶然的發現，在發現過程中，並沒有什麼驚天動地的事情發生過。

一九一〇年，魏格納生病了，他不得不被迫躺在醫院的病床上接受百般無聊的治療。他病房的牆壁上掛著一幅世界地圖，醒著的時候，魏格納就盯著那幅地圖來打發醫療期那些枯燥而寧靜的日子。經過天長日久的觀察，魏格納發現了一件十分有趣的事情：透過地圖來看，大西洋兩岸好像是互補的，南美大陸巴西東部凸出的部分，和大西洋彼岸的非洲大陸西海岸的赤道幾內亞、加蓬、安哥拉凹陷部分十分對應，一方是凹陷的，另一方必定是凸出的。魏格納進一步細細觀察，他發現如果不是大西洋，那麼南美大陸和非洲大陸完全可以吻合成一個天衣無縫的完整大陸。是不是這兩塊大陸過去就是一個整體，而由於地殼運動被意外地分開了呢？魏格納陷入了深思。

不久，魏格納就開始著手對南美大陸和非洲大陸上的地質、古生物進行研究，終於證實了一個令世界地理學耳目一新的理論：大陸板塊漂移學說。原本寂寂無名的魏格納也因此一躍成為世界上大名鼎鼎的地理學家。

同樣的幸運之光也照射在斐塞司博士身上。斐塞士博士非常喜愛寵物，他家裡經常養著狗和貓。一天上午，和往常一樣博士坐在門前曬著太陽打盹，這是他的老習慣了。在他曬太陽打盹時，他的貓和狗就臥在他的腳邊，和他一起曬太陽打盹。曬了一會兒，太陽一點一點西移了，房子和樹蔭遮擋住了照在貓狗身上的陽光，貓和狗馬上爬起來，伸了一個長長的懶腰，又挪到陽光能曬到的地方，躺在陽光下又愜意地睡著了。

貓狗追著陽光睡覺打盹，這對於任何人來說都不過是司空見慣的事情，但卻引起了斐塞司博士的強烈好奇。它們為什麼喜歡待在陽光下呢？是因為喜歡光和熱，還是陽光能給予它們什麼？如果光和熱能給予它們什麼有益的東西，那麼對於人體是不是同樣有益呢？

不久，日光療法就在斐塞司博士的研究下誕生了，斐塞司博士也因為睡懶覺的貓狗而榮獲了諾貝爾醫學獎。在授獎致辭中，斐塞司博士說：「這個獎項對於我來說是個意外，我並沒有做下多少的工作，如果說我比別人多做了一點什麼的話，我只承認，自己只不過是比別人多想了那麼一點點。」

正如斐塞司博士所說的那樣，成功和偉大並非如我們所想的那樣高不可攀，有許多時候，它並不需要我們付出太多的東西，只需要我們對平常的事物有一顆不平常的心，只需要我們去多想那麼一點點。

如果一個蘋果落在你的頭上，你也能像牛頓那樣多想一點點；如果對著一幅世界地圖和躺在你腳前曬太陽的貓狗，你也能像魏格納和斐塞司一樣多想一點點……那麼，你也將有所成就。其實，偉大離我們每個人都不遙遠，只需要面對大家司空見慣的事物時，你能比別人多想一點點。

看自己的短處

成功是優點的發揮，失敗是缺點的累積。

——證嚴法師

有一個年輕人，在法禪寺修行，這個年輕人很有悟性，十分聰穎，無論多麼深奧的經文，他往往一看就明白了，很受寺裡方丈和住持的器重，寺裡講經釋禪時，方丈常常讓他坐壇授經，有外出雲遊的機會，方丈和住持也常常帶他去。

時間久了，這個年輕的和尚心就有些浮躁了。寺裡早九晚五上經課時，連德高望重的年邁方丈都早早坐到了經殿裡，全寺就他一個人總是姍姍來遲。有時寺裡的僧人應邀下山做法事，住持派他去，他總是百般婉拒，說自己要研習經文，沒有時間。偶爾寺裡清掃庭殿，寺裡的老少僧人全都灑水的灑水，揮掃的揮掃，他卻躲起來呼呼嚕嚕地睡覺。寺裡的僧人都對他很不滿意，但他對那些僧人也嗤之以鼻，總是自高自大地我行我素。

一天，方丈為他提來一個花花綠綠的木桶說，遠方一個得道高僧雲遊天下將到法禪寺掛單小住，高僧早聞法禪寺十裡外有菊潭，用那潭水煮茶可養心修性，所以懇請法禪寺派人去菊潭取一桶水來，以備他早晚品茗用。方丈說：「寺裡其他僧眾都很忙，所以只得勞駕你去了，不過請千萬記住，這木桶不大，須得提滿滿一桶水回來，方夠高僧一天飲用。」他接過木桶，很不情願地走了。

走了十幾里，好不容易才到了翠竹掩映下的菊潭，那潭水真的極好，甘爽清冽不說，還彌漫著一縷縷淡淡的菊香。他彎下腰去往桶裡盛水，但盛了幾次都只盛了半桶，怎麼也盛不滿，他感到十分奇怪，待細細端詳那只木桶才發覺，箍住桶子的木板有一塊只有半個木桶高，比其他的木板矮了許多，任你怎樣盛，桶裡的水只能達到那塊矮桶板的高度，根本沒辦法盛滿一桶水，他十分生氣，方丈給了自己這樣一個有缺口的木桶，那水怎麼能盛得滿呢？

回到寺裡，他就提著半桶水去見方丈，方丈笑著問：「提回一滿桶水了嗎？」他將木桶的缺口指給方丈看說：「這一塊桶板這麼矮，怎麼能盛滿一滿桶的水呢？」

方丈笑了笑說：「你看清那一塊一塊桶板上的字了嗎？」他回答說：「看了，有的寫著學識，有的寫著品行，有的寫著辛勤，有的寫著耐勞，有的寫著謙虛，那十幾塊桶板上塊塊都寫著字。」方丈說：「是啊，一個木桶十幾塊桶板，不論別的桶板長再高，但只要有一塊桶板很矮，那這個桶任你怎麼盛水，也只能盛到與這塊矮板相同的深度，永遠都不能將桶盛滿，而一個人的學識、品行、勤懶、謙驕，難道不是木桶的一塊塊桶板嗎？既使是別的十分出色，但只要有一樣很矮，他也永遠盛不滿自己啊。」

年輕僧人一聽，頓時感到十分慚愧，他馬上向方丈說：「大師，我一定會將自己的那塊矮桶板給補起來。」

大師笑了。

是的，一個人的人生高度有多高，決定它的往往不是你最出色的那些長「桶板」，恰恰是你有缺陷的那塊短「桶板」。因此，拔高自己的長處從來是徒勞無益的，只有努力彌補自己的不足和缺陷，才是提升你自己人生高度和境界的唯一辦法。

拼圖的法則

見有機緣宜把握，沒有機緣要營造，機緣未熟不強求。

——聖嚴法師

美術課上，一位老師將幾件世界傳世名畫撕成了一堆碎屑，他把這堆碎屑交給他的學生們，要求他們根據每個畫家的不同風格從這堆碎屑中分別找出每張原作的碎屑，然後重新拼成那幾幅原畫。他希望藉此考驗自己的學生對名畫名家的鑑別能力。

把那一大堆碎紙屑交給學生們後，這個美術老師有些後悔，五六張名畫，撕成那麼碎、那麼雜、那麼大的一大堆紙屑，重新拼圖實在是不容易的事。是不是自己太為難自己的這些學生了？是不是這項任務有些太難太複雜了？美術老師心裡一直忐忑不安。他想，這對於美術學院畢業的那些才子來說都不是一件很容易的事情，何況自己的學生還只是一群十幾歲的孩子呢？

碎紙屑交給學生們後，他在教室裡踱了兩圈，然後就踱到操場上去了，他實在不想面對那些天真的臉上過早流露出的畏難表情。他在操場上踱了很久，他思忖孩子們要完成這複雜的拼圖，一定需要很長的時間。

離下課只剩五分鐘時，他才重新推開了教室的門。令這位老師大吃一驚的是，他的學生們早已把那幾幅名畫全部拼好了。他實在不敢相信自己的學生有這麼出色的鑒別和拼圖能力，站在那幾幅已拼好的圖前他認真地一一審視，更讓他感到不可思議的是，孩子們的拼圖完成得天衣無縫，沒有一絲一毫的錯誤。

他有些懷疑地望著孩子們，他想孩子們只是簡單地見過幾次這些名畫，名畫的線條、色彩、構圖、意蘊，以及每個畫家和每幅畫的特點等等，這些孩子都不一定會懂，那麼他們是如何這麼快又這麼準確地完成如此複雜的名畫拼圖呢？他問一個喜愛美術的男孩子：「你們是如何拼圖的呢？」

那個男孩子笑笑說：「這些名畫拼起圖來肯定很難，但老師您忽略了，這些名畫的背後都是一個花朵圖案，有桃花的、有梅花的、還有荷花的，我們都是依據名畫背後的那些花朵拼圖的，這就十分容易了。」

他恍然大悟地笑了，是啊，自己怎麼就沒有想到從這些名畫的背後找捷徑和法則呢？

同樣，在許多成功的人生傑作拼圖上，我們往往只是尋找那些傑出者們的天賦、環境和優勢，但我們常常忽略了他們成功拼圖背後那些最簡單、最明瞭的原則，那就是他們每個人所共有的努力和勤奮。

黑暗中的光明

上善若水，水善利萬物而不爭，處為人之所惡，故幾於道。居善地，心善淵，與善仁，言善信，正善治，事善能，動善時。夫唯不爭，故無尤。

——老子

伊爾．布拉格，是美國一位黑人水手的兒子，他家境十分貧寒，全靠父親拚命奔波在大西洋各個港口賺得的微薄薪金艱難度日。在中學學習時，伊爾．布拉格就表現出了他的出色寫作天賦，他積極閱讀各種書籍，盡可能地把自己的每一篇作文寫好，剛開始時，他常常得到他的一位黑人老師的鼓勵，作文經常被老師做為範本，在課堂上被老師抑揚頓挫地閱讀。從那時起，伊爾・布拉格便有了一個自己的夢想，那就是：長大後做一名出色的大牌記者。

但不久，伊爾・布拉格便開始遭到接二連三的毀滅性打擊，他的新老師是一個傲慢無比的白人，對有色人種充滿歧視。伊爾・布拉格寫的一篇作文，他竟指責是抄襲的，伊爾・布拉格向他辯解說：「真的，這是我獨立完成的一篇作文，沒有參考過別人的文章，更不是抄襲的。」那位白人教師充滿譏諷地說：「這是連上帝都不會相信的事情，一個骯髒的黑腦袋，怎麼能寫出這麼優美的文字來！」伊爾・布拉格說：「雖然我的膚色是黑的，但我的心靈一樣善良、一樣嚮往幸福和美好。」

那位老師勃然大怒，他厲聲喝斥伊爾・布拉格說：「你這貧民區的下等人，你沒有資格擁有美好、善良這些偉大的美麗辭彙，你要記住的是，所有美麗的辭彙永遠和你無緣！」

伊爾．布拉格委屈地哭了。

回到家裡，伊爾．布拉格哭泣著對母親說起了自己的遭遇和委屈，他告訴母親說，因為自己是黑人的孩子，學校組織的兒童唱詩團從不讓他參加，而在教室裡，像許多黑人孩子一樣，他們的座位總是被排在教室最暗的地方。

母親聽了，沉默了好一會兒，然後把伊爾．布拉格輕輕拉進屋子裡，她關上門，拉上所有的窗簾，然後只在一個窗子上留一道小縫，屋裡一下子變得暗極了，只有那道留下細縫的窗子裡射進來一縷金黃的陽光。然後母親拉著伊爾．布拉格走到那扇窗子前，問伊爾．布拉格說：「孩子，你透過這道細縫看外面，是不是看得更清楚一些呢？」伊爾．布拉格靜靜向外面望了好久才回答說：「是的媽媽，我現在似乎看得更清楚一些了。」他想了想不解地問媽媽說：「媽媽，這是為什麼呢？」

「這是因為我們站在陰暗的地方。」媽媽說。

媽媽又告訴伊爾．布拉格說，在他們的老家，那一望無際的非洲大草原上，羚羊和野馬們並不擔心那些站在陽光下的雄獅和獵豹們，因為在太陽下太明亮，它們往往看不准它們要追捕的物件。媽媽說：「最可怕的是那些躲在樹蔭下的獵豹和雄獅，因為在暗處，所以牠們的眼睛更敏銳看得更準確，牠們可以輕易鎖定住自己所追捕的目標，而且牠們在暗處看準的獵物，差不多都是些幼小或老弱得跑不快的，牠們幾乎能百分之百地手到擒來，而如果站在明亮的陽光下篩選目標，那結果可就差多了。」

媽媽說：「孩子，你懂得我所說的意思嗎？」伊爾・布拉格點點頭說：「媽媽，我明白了。」

長大後，伊爾・布拉格果然就像他媽媽所說的那樣，他站在社會的底層和生活的暗處細心地觀察，寫出了一批又一批令人吃驚的出色新聞作品，成為了美國第一個獲得普利策新聞獎的黑人記者，創造了一個美國新聞史上的奇蹟。他說：「別人稱我目光敏銳，看待事情透澈、犀利，那不是因為別的什麼，只因為我始終把眼睛睜開在生活的暗處！」

是的，在強烈的陽光下如果你想看得清楚些，你就必須戴上能製造陰影的茶色或黑色墨鏡；在熾烈的電光和火光下作業，你就必須戴上黑色的防護鏡。不要埋怨自己沒有生活在社會的聚光燈下，也不必抱怨自己總是站在生活的暗處，暗處的眼睛才能讓你看得更真切些，暗處的眼睛才會讓你的人生有更多的發現。

聆聽心靈深處的吶喊

大鴨游出大路，小鴨游出小路，不游就沒有路。

——聖嚴法師

在非洲的撒哈拉沙漠流傳著這樣一個故事：

有一個珠寶商人帶著幾十粒鑽石和一只手錶橫越一望無際的撒哈拉沙漠，不幸的是，當他走到沙漠深處的時候，沙漠上突然捲起了飛沙走石的風暴。

風暴十分猙獰，不僅把珠寶商人打翻了，而且吹散了他緊緊攜帶的包袱，把包袱裡的幾十粒鑽石甚至商人手腕上的手錶都捲得無影無蹤。昏迷不醒的商人幸運地遇到了一支駝隊，駝隊的人把商人喚醒後，聽說這沙漠裡丟掉了許多的鑽石，大家馬上決定不走了，要和商人留下來尋找鑽石，要知道，誰要能撿到一粒吹落的鑽石，這輩子他就足以衣食無憂快快樂樂地生活了。

商人和駝隊的人開始日夜忙碌在一望無際的沙漠上，他們白天找、夜晚找，一直找了十多天還是一無所獲，但大家誰都知道，在這沙漠的沙粒間，掩藏著許多價值連城的珍貴鑽石。

夜幕降臨了，彎月掛在沙漠的邊緣，滿天的星斗就像綴在深藍色幕布上的一顆顆寶石，沙漠上靜極了，沒有風叫，也沒有蟲鳴，這時，大家忽然聽到了一串滴嗒滴答的聲音，那聲音那麼清晰，那麼清脆，大家順著聲音躡手躡腳地找過去，發現那聲音就掩在他們腳底的沙層裡，商人蹲在地上，順著那滴答滴答的聲音開始小心翼翼地扒去一層一層的沙粒，再扒去一層沙粒，那滴答聲就響得更加清晰、更加分明了一些，終於，商人找到了自己的這只手錶。但令他們失望的是，除了這只手錶外，他們誰都沒有找到散落的一粒鑽石。

捧著那只失而復得的手錶，商人禁不住仰天慨嘆：「鑽石雖然價值連城，但因為它們沒有自己的聲音，丟失了，就從此遺落在沙石之間，而一只手錶雖然普普通通，但因為它有自己的聲音，所以它能從沙粒間輕易地脫穎而出。」

我們哪一個人不是被遺落在時光和歲月的沙粒或草叢深處的一枚東西呢？既使你只是一個微不足道的昆蟲，但只要你擁有自己心靈的聲音，那麼你就會脫穎而出，幸運地被命運的大手輕輕地捧起，假若你是一粒鑽石，雖然價值連城，但因為沒有自己的聲音，你也可能永遠被遺落在沙粒或草叢之間。

幸運往往只會光臨那些擁有自己心靈聲音的生命，不管你是一隻卑微的昆蟲，還是一顆價值不菲的珍貴鑽石。

你看到的是真相嗎？

愚者以為幸福在遙遠的彼岸，聰明者懂得將周遭的事物培育成幸福。

——星雲法師

經驗如果是寶，那麼創新就是那掘寶的人。

固有的經驗能幫助你成功，也可能導致你失敗，尤其在這資訊日新月異、變化多端的社會。固步自封是成功的殺手，他會讓你只看到事物的表面而無法真正接觸、洞悉事情的真實；人生要能向前邁進，就要不斷的嘗試新事物，鞭策自己深入探究事實的真相，不斷的更新自己的知識與體驗，這樣才能不斷進步。

有一次，一艘遠洋海輪不幸觸礁，沉沒在汪洋大海裡。倖存下來的九位船員，拼死登上一座孤島，才得以不被海水滅頂。

可是，接下來的情況更糟。島上除了石頭，還是石頭，沒有任何可以用來充饑的東西。更要命的是，在烈日的曝曬下，每個人口渴得不得了，「水」成為急需而珍貴的東西。

儘管四周都是海水，可是誰都知道，海水又苦、又澀、又鹹，根本不能用來解渴。現在九個人唯一的生存希望，就是祈求老天爺下雨，或讓過往的船隻發現他們。

等啊等，老天爺沒有任何要下雨的跡象，天際除了海水，還是一望無邊的海水。也沒有任何船隻，經過這個死一般寂靜的島嶼。漸漸的，九個船員支撐不下去了，一個接一個的渴死在孤島。

當最後一位船員快要渴死的時候，忍不住的撲進海裡，「咕嚕咕嚕」

的喝了一肚子海水。結果，船員一點兒也不覺得海水有任何苦澀，相反的，還覺得這海水又甘又甜，非常解渴。

船員心想：「大概是自己渴死前的幻覺吧！」於是便靜靜的躺在島上，等著死神的降臨。

稀奇的是，他竟然沒有死，只是睡了一覺，醒來後發現自己還活著。船員也非常奇怪。於是，他每天就靠喝這島邊的海水度日，終於等到了前來救援的船隻。

後來人們經過化驗，才發現這兒的海水，由於有地下泉水的不斷湧出，海水實際上已經變成可口的泉水了。

守著過去的經驗，相信眼前所看到的「海水」，因而怯於嘗試，輕易放棄，那麼美好的生命將不會到來；只有勇於挖掘真相，看穿事物的表面，才能避免經驗誤判以及眼前所見的表面陷阱。

剝去表面，追求真實，這不僅是我們面對事情的態度，更應是我們做事的目標。做事做得好像對，和做事做得完全對，就是失敗與成功的分別，真正的高手，追求的是一種真實的成功，正所謂「沒有最好，只有更好」，就是說明要在自身境界上，不斷的提高。同時，我們還要懂得欣賞別人，看出與別人的差距，只有認真的努力，才能創造出成績。

宋王正大興土木，有一位名叫癸的歌手，在工地放聲高歌。動人的歌聲，令過往的行人都停下腳步，留連忘返。工人們也個個精神抖擻，忘卻疲勞。

宋王很高興，大大犒賞癸。但是，癸卻向國王推薦他的老師射稽，說射稽的造詣，比他還高。

宋王立即召見射稽，並且請他也到工地獻唱。可是，奇事發生了，再也沒有人止步聽歌，工人們也都感到十分疲憊。

宋王大失所望，對癸說：「你的老師唱得並不如你啊！」

癸笑著說：「請大王檢查一下我們二人唱歌的實際效果吧！我唱歌時，工人只蓋了四堵牆，而我老師唱歌時，工人們卻蓋了八堵牆。而且牆堅固的程度也不一樣，我唱歌時蓋的牆，用鐵器就可以捅進五寸，而我老師唱歌時所蓋的牆，用鐵器只能捅進二寸。」

宋王聽了，恍然大悟，立刻命人重重的賞賜射稽。

表面和真實是有差異的，那就是美好和完美的不同；就像射稽和他的學生癸唱歌的分別，真正的完美，是最深層次的美好。

平凡如水

人如蘆葦花隨風飄逝，飄到肥沃的土地就豐碩，反之則乾瘦。

——心道法師

很久以前，一個阿拉伯商人來到非洲的撒哈拉沙漠，他找到一位嚮導，答應給嚮導一點點金子，然後要嚮導帶他穿過茫茫的撒哈拉沙漠去。

商人帶著很多的寶石和黃金，臨行前，嚮導再三要求他說：「你帶這麼多的寶石和黃金，怎麼帶水呢？沙漠可不同別的地方，穿過它需要有足夠的水。」但商人根本不聽，他很不在乎地問嚮導說：「一點點兒的金子，就能買到一個湖泊，但多少的水才能買到一點點兒的金子呢？」他們上路了，嚮導身上掛滿了大大小小幾十個水袋，但固執的商人由於帶著很多的寶石和黃金，所以他的身上只帶了一點點兒的水。

沙漠裡氣溫很高，走了沒多遠，他們就開始喝水了，剛剛走到沙漠腹地的時候，商人的水已經喝得滴水不剩了，而嚮導的水卻很充足。嚮導埋怨商人說：「早就告訴你要多帶些水，但你不捨得你的寶石和黃金，就帶了那麼一點點水，現在你的水就用完了，下面的路上你喝什麼呢？」

商人狡黠地嘿嘿一笑說：「我有寶石和黃金，還怕買不到水嗎？」

嚮導不解地說：「可這茫茫大沙漠裡，哪裡有賣水的呢？」商人得意地一笑說：「你喜歡寶石和黃金嗎？」嚮導爽快地說：「我又不是傻子，怎麼會不喜歡寶石和黃金呢？」商人哈哈一笑指著嚮導的水囊說：

「那我不就找到賣水的人了嗎？」

嚮導聽了，長長地嘆了一口氣說：「你想錯了，我雖然也需要寶石和黃金，可在這大沙漠上，沒有這些寶石和黃金我卻可以活著走回去，但沒水可不行，沒有了水就等於我沒有生命了，在這沙漠上，有水才有生命，水就是一個人的生命啊，難道我會傻到不要自己的生命換那些沒用的寶石和黃金嗎？」

又走了半天，商人渴得實在受不了了，就向嚮導提議說：「我用一點兒的金子買你一水袋水怎麼樣？」嚮導搖搖頭拒絕了。又走了一段，商人渴得確實難受極了，於是他向嚮導懇求說：「我用半塊金子買你一袋水行嗎？」嚮導還是拒絕了。最後，商人感到自己如果再不喝點水就會被渴死，於是乞求地問嚮導說：「你說，我用多少金子才能買你一水袋水呢？」嚮導說，給我多少金子我也不想賣給你一水袋的水，因為這水就是我的生命啊，不過，如果真不賣給你一點點的水，你要在這沙漠上渴死了，別人會誤解說我謀財害命，是因為貪婪你的寶石和黃金把你給殺死了，所以我不得不賣給你一點點水了。不過嚮導出價說：「我這一袋水，最少要換十錠黃金！」商人一聽，大吃一驚說：「水怎麼能那麼貴呢？水竟然比我的寶石和黃金還要貴？你這樣真是漫天要價信口開河呀！」

嚮導不慌不忙地說：「如果是在河邊或湖畔，那麼這水的開價是有點貴，但現在是在沙漠上啊，答應賣給你一點水，那就是我自己在拿我的生命做賭注，你說我這水貴嗎？」

商人沒辦法，只得用十錠黃金買回了嚮導的一皮袋水。

水也有比寶石和黃金更昂貴的時候。

不要自卑我們平凡得只是一滴普通的水，也不要埋怨我們自己普通得就像是清晨草原上的一滴露水，但如果換一個地方和環境，當我們自己被許多的心迫切需要的時候，我們就可能成為黃金中的黃金，就可能成為寶石中的寶石，一滴水就肯定比寶石和黃金更昂貴。

情感的付出

怎麼樣才能夠使人與人心靈溝通、互相變成一種精神力量呢？那就是愛。

——心道法師

愛，你才能做好它；愛，你才能全心全意的為它心甘情願的付出。愛自己的親人，這是任何一個有愛心的人，最起碼的基本表現，然後才能做到「老吾老，以及人之老」。如果你連最親的人，都表現淡漠，那又如何去談要愛別人、愛公司、愛事業呢？

生活是相通的。

真正體會了愛，才會真誠的愛其所有；其實，愛就是一種責任。

日本一名大學畢業生，應聘於一家大公司工作。社長審視著他的臉，出乎意外的問道：「你替父母洗過澡、擦過身嗎？」

「從來沒有過。」青年很老實的回答。

「那麼，你替父母捶過背嗎？」

青年想了想：「有，那是我在讀小學的時候，那次母親還給了我十元。」

在諸如此類的交談中，社長只是安慰他別灰心，會有希望的。青年臨走時，社長突然對他說：「明天這個時候，請你再來一次。不過，有個條件，剛才你說從來沒有替父母擦過身，明天來這裡之前，希望你一定要為父母擦一次。能做到嗎？」

社長的吩咐，青年一口答應了。

青年的母親回來後，聽見兒子要替她洗腳，母親感到很奇怪地說：

「你要幫我洗腳？不用啦！我還洗得動，我自己來洗吧！」

於是青年將自己必須替母親洗腳的原委說了一遍。母親很理解，便依照兒子的要求，坐了下來。

青年端來水盆，讓母親把腳伸進水盆裡，然後右手拿著毛巾，左手握著母親的腳，正準備洗時，這才發現，母親的那雙腳，已經像木棒一樣的僵硬。

青年忍不住摟著母親的腳，潸然淚下。在讀書的時候，他心安理得的花著母親如期送來的學費和零花錢，現在他才知道，那些錢是母親的血汗錢。

第二天，青年如約去那家公司，對社長說：「現在我才知道，母親為了我受了很多的苦。是您讓我明白了在學校裡沒有學過的道理，謝謝社長。如果不是您，我從來也沒有機會去握母親的腳。我只有母親一個親人，我要照顧好母親，再也不能讓她受苦了。」

社長點了點頭，說：「你明天到公司來上班吧！」

如果連付出最多的親人，都漠然處之、吝於付出，誰能指望從他那兒，得到真情的回報呢？

情感的付出是做人的根本，而它也同樣回饋了寶貴的生命原力，一個人能夠獲得的最大鼓勵，也是來自於親人的關懷，那種血濃於水的親情，是永遠不會被泯滅的。

生命的起點和終點，最需要的，無非是愛與被愛，中間的過程，無論遇到什麼事，都會用心去維護我們的至親、愛人。

一家國外醫院做過兩組調查。一組是由婦產科負責進行：由新生嬰兒中選出兩批，第一批每天由母親抱起，愛撫三次，每次十分鐘；第二批不進行愛撫動作。結果在同樣的時間裡，第一批新生兒的體重增加率，是第二批的兩倍。

另一組調查，是在臨危的病人中進行。調查對象，都是即將要走到生命盡頭的人。這些人的遺言中，沒有人說要賺多少錢，要升多大的官，也沒有人想到房子、車子，幾乎所有的人都在說「要好好照顧你媽媽」，或者「好好照顧孩子」等。他們臨終前所想到的，都是至親、愛人，沒有人關心身外之物。

當你體會到親情的溫馨，就會有一種甜蜜、溫柔的感受穿透全身，整個人變得輕鬆了起來。至親、愛人都是至愛，這是永恆不變的真理。

人暖被還是被暖人？

台灣有很多愛心，這就是希望。愛的力量可把死亡、災害、絕症轉化成力量。

——單國璽樞機主教

一個小和尚沮喪地跟住持說：「我們這一寺兩僧的小廟，如果想變得如您所說的廟宇千間，鐘聲不絕，香客如流，那幾乎是不可能的事兒。」

披著袈裟的老僧只是閉著眼睛靜靜聽著，卻一聲不語。

小和尚又絮叨說：「每次我們下山化緣，說起我們菩提寺，很多人都搖頭說不知道這個寺廟，施捨給我們的香燭錢也往往少得不值一提，化緣得來這麼少，什麼時候我們這麼小的菩提寺才能變成古剎名寺呢……」

披著袈裟默默誦經的老僧沉默了一會兒，終於睜開了眼睛問小和尚說：「這北風吹得真厲害，外邊冰天雪地的，你冷不冷？」小和尚渾身打個哆嗦說：「我早凍得雙腿都有些麻木了。」老僧說：「那我們不如早點睡覺好。」

老僧端著燭燈走到榻前，摸著冰冷的棉被對小和尚說：「棉被也這麼涼，睡一覺兒就暖和了。」一老一少兩僧熄燈鑽進了冰涼的棉被裡，過了一個時辰，老僧忽然問躺在被窩裡睡意朦朦的小和尚說：「現在你的被窩裡暖和了嗎？」

小和尚說：「當然暖和，就像睡在陽春暖融融的陽光下一樣。」

老僧說：「棉被放在床上十天半月都依舊是冰涼的，可人一躺進去，不久被窩就變得暖洋洋的，你說是棉被把人暖了，還是人把棉被暖了？」小和尚一聽，噗哧就笑了說：「你真糊塗呀，棉被怎麼能把人暖熱，是人把棉被暖熱的。」

老僧說：「既然棉被給不了我們人溫暖，反而要靠我們人用身體去暖它，那我們還要蓋棉被做什麼？光著身子睡不用暖被，我們不就更暖和了？」

小和尚想了想說：「雖然棉被不能給我們溫暖，可厚厚的棉被卻可以保存我們的溫暖，讓我們在暖融融的被窩裡舒舒服服睡覺啊。」

黑暗中，老僧會心一笑說：「我們撞鐘誦經的人何嘗不是躺在厚厚的棉被下的人？而那些芸芸眾生們又何嘗不是厚厚的棉被呢？只要我們一心向善向佛，冰冷的棉被會被我們暖熱的，而芸芸眾生的棉被保存著我們的溫暖，這大千世界不就暖融融的如同我們的被窩這樣舒服了嗎？那我們還會有什麼金殿金宇的夢不敢做的呢？」

小和尚一聽，驀然明白了。

其實，我們誰不是睡在大千社會棉被裡的一個人呢？我們用心靈的熱火溫暖這個世界，世界就為我們永駐了一個暖陽蕙風的春天。

用心靈給世界以溫暖，世界就會給我們綻開溫馨的花朵。

是一堆沙、還是一顆鑽？

別虛擲你的一寸光陰吧，別去聽無聊的話，別試圖補救無望的過失，別在愚昧、平庸和猥瑣的事上消磨你的生命，這些東西都是我們這個時代病態的目標和虛假的理想。生活吧！過屬於你的奇妙的生活！點滴都別浪費。

——愛爾蘭唯美主義文學家　王爾德

在一次國際作家筆會上，一位奧地利男作家身旁坐著一位衣著簡樸、態度謙遜的女士。這是一位沉默寡言又十分小心謹慎的女士，筆會上，許多人慷慨激昂、口若懸河、言辭激烈，但只有這一位女士例外，她什麼也不說，只是入神地靜靜旁聽，聽到精彩之處，有時會會心地微微一笑，有時會專注地飛快做筆記。

坐在她身邊的這位奧地利男作家想，瞧她那模樣就知道，要麼她只是前來旁聽的文學愛好者，要麼就是一位沒什麼名氣和出色作品的女作家。

討論休息時，這位奧地利作家有些傲慢地問身旁的女士說：「請問小姐，您希望當專業作家嗎？」那位女士輕輕地笑笑，點了點頭。看來她真的只是一名普通文學愛好者了，奧地利的這位作家想。於是他更加傲慢了，以居高臨下的口吻說：「當一名作家可不是一件特別容易的事情，尤其是當一名專業作家，這絕不是誰想做就能做得了的。」接著，他滔滔不絕地賣弄說，做一名專業作家應該讀過多少書、應該多麼勤奮、應該需要多少非人的毅力等等，把作家說得神聖無比、高不可攀。任他怎麼說，那位女士不插一句話，只是微笑著聽他高談闊論。

看她那麼謙遜而又十分虔誠的模樣，這位奧地利作家更加傲氣十足而不可一世了，他驕傲地說：「我已經出版了五百部小說了，可以說是著作等身功成名就了，所以被再三邀請來參加這次全球作家筆會。請問小姐，您發表過小說嗎？」

那位女士羞澀地淡淡一笑說：「發表過，但很少。」奧地利男作家一聽更加得意了，又問那位女士說：「那麼，您出版過一部自己的小說了嗎？」

那位女士更加不好意思起來，羞澀地一笑說：「出版過一部。」「哦，僅僅出版了一部嗎？」那位奧地利男作家有些不屑地問，稍稍頓了頓又問：「那麼您能告訴我您那部小說的名字嗎？」

「是的，僅僅就一部。我的那部小說叫《飄》（*Gone With The Wind*）。」女士很平靜地說。

「《飄》？」那位奧地利作家不禁大吃一驚，立刻變得目瞪口呆起來。

這位女作家的名字叫瑪格麗特‧米切爾，她的一生只做了一件事情，就是創作了自己唯一的一部作品，叫《飄》。如今，這世界上沒有多少讀者不知道《飄》和瑪格麗特‧米切爾的，但那位自詡為著作等身的奧地利男作家，雖然寫了五百多部小說，但我們至今也不知道他叫什麼名字。

生命對於誰都是短暫的，誰都沒有辦法把世界上的事情去一一做完，對於上帝來說，一個人的一生或許只是上帝千千萬萬件事情中普普通通的一件，與其把我們的一生堆成沙粒一堆，還不如把自己磨亮成鑽石一顆。

一生只做一件事情，只要我們能把一件事情做得盡善盡美，也遠比把許多事情都做成一堆廢坯更能讓心靈敬仰。一粒鑽石，也永遠都比一堆沙粒更加珍貴。

第四章

轉身・堅持

幸運的不幸

曲則全，枉則直，窪則盈，敝則新，少則得，多則惑。是以聖人抱一為天下式。不自見故明，不自是故彰，不自伐故有功，不自矜故長。夫唯不爭，故天下莫能與之爭。

——老子

一個年輕的僧人，在路上遇上一個跛腿的老頭。老頭的腿跛得十分厲害，走起路來一跳一跳的，但老頭很快樂，走著唱著，那條吃力的腿走起來劈啪作響，像給自己打著節拍似的。

僧人很不明白，腿跛得如此厲害的人，自己雲遊四海見過的不計其數，他們要嘛是愁苦著臉，嘴角掛滿了憂傷的嘆息，要嘛就是拄著拐杖挎著一隻破爛的竹籃，走鄉串戶沿街乞討，向誰說話，開口就苦苦淒淒，一副落魄失魂讓人憐憫又同情的樣子。僧人十分費解，自己面前的這個跛老頭，比許多殘廢人更殘廢了十倍，但他為什麼竟還如此快樂呢？

僧人不解地問老頭，老頭兒一聽就笑了說：「我有什麼值得不快樂的呢？只不過腿比別人短了一截而已，而比別人短這截兒，恰恰是我最快樂的原因呀。」

因為自己殘廢而快樂？僧人更不解了。

老頭兒笑呵呵地說：「我天生因為腿跛，所以很小的時候，父母鄰居不停要求我的哥哥弟弟做這做那，而對我百般呵護，使我享受到了哥哥弟弟們分享不到的父母溺愛。及至長大成人了，我的哥哥弟弟們被生活逼得東奔西跑，終日為生計所困所累，而我呢，因為腿跛，就沒人對我期望來期望去，沒有什麼太大的壓力。」老頭兒頓頓又說：「別人蓋了一座房子沒什麼，而我蓋起一座房子，人們就常常指著我的房子說『瞧瞧吧，那房子是一個跛子建起來的。』我們村裡的許多人在荒灘野嶺上開墾了許多地，有的開墾了五六畝，有的開墾了三四畝，可沒人能知道他們，而我僅僅開墾了一畝多的地，就常常有人指著我開墾的地訓誡他們的兒孫說，『瞧瞧吧，那是一個跛子開墾的，他跛得那麼厲害，竟然還開墾出了那一塊兒地』。」

老頭兒繼續得意地笑著說：「有人建了屋舍百座，卻沒有人能知道他，有人開墾了良田千畝，卻沒有人會記住他，而我呢，蓋起了一座瓦屋，人們卻知道了我，開墾了一畝薄田，人們卻牢牢記住了我，不都是因為我一條腿跛，僅僅比別人短了那麼一點點嗎？腿跛腿短，使我輕易就得了許多人苦苦奮鬥卻始終望塵莫及的讚美，腿跛，是我身體的一個劣勢，卻是我生命的一個優勢啊。」

老頭兒指著濕漉漉的山路問僧人說：「這條路經常有許多人魚貫而

過，他們曾經在這路上留下許許多多的腳印，可現在，你能找到他們的一個腳印嗎？」僧人低頭看了看，濕漉漉的山路上光滑如砥，根本就找不出其他一個清晰的腳印來，只有半行腳印深深地烙印在山路上。

老頭兒得意地說：「許多人在這路上走，但因為他們雙腳有力平衡，所以他們連一個深的腳印都沒能留下，而我呢，因為腿跛，雙腳用力不平衡，所以就留下半行深深的腳印，能在自己走過的路上留下半行自己深深的腳印，也比留不下自己的一行腳印好啊，那麼多人辛苦辛苦什麼也沒留下，而我輕而易舉就印下了自己的半行腳印，你說，我不是比他們更幸運嗎？」

僧人頓時明白了，這世界上，生命的幸運不一定就是人生的幸運，而生命的不幸卻可能是人生的幸運，生命的劣勢，恰恰是我們自己人生的優勢！

手上的命運線

安排自己能獲得快樂，充實自己能獲得知識，掌握自己能獲得平安，創造自己能獲得成功。

——星雲法師

老禪師正坐在禪房裡閉目打禪，一個小和尚推門進來說：「大師，外面有一個年輕人非要進來見您。」老禪師哦了一聲，額上的兩道白眉微微動了動說：「那就讓他進來吧。」

一會兒，那個年輕人就進到了禪師的禪房裡，老禪師問：「施主，請問有什麼事情嗎？」年輕人望著老禪師嘆息了一聲問：「大師，是不是人真的有命運？是不是每個人一出生，他的財富、家庭、生活等命運都已被上蒼冥冥註定了？」

見老禪師閉目不語，年輕人嘆息一聲說，如果人真的有命運，那麼上蒼對我也太不公平了，我自小失去了父母，跟隨著叔父艱難地長大。流血流汗辛辛苦苦掙了一點錢想修幾間房子，誰知不小心又被盜賊給盜走了，盼望幾家親朋好友能給我一點資助，可他們卻個個一貧如洗……

老禪師閉著眼睛靜靜聽年輕人說完，才睜開眼睛示意年輕人走到自己坐的蒲團前說：「年輕人，能伸開你的左手讓我看嗎？」

年輕人不知道老禪師要看他的左手幹什麼，但還是把自己的左手伸到了老禪師的眼前。

老禪師用枯瘦的老手輕輕捧著年輕人的手掌，端詳了又端詳，才指著年輕人手心的掌紋說：「瞧，年輕人，這條手紋是你的生命線，它會暗示你的壽命有多久；這條呢，是你的財富線，它可以暗示你能聚集下多少財富；還有這條手紋，它是你的婚姻線，它能暗示你的情感和婚姻。」

老禪師頓了頓吩咐年輕人說：「年輕人，請你把你的左手握起來。」年輕人把自己的左手緊緊地握起來。老禪師說：「小夥子，現在你能告訴老僧你的生命線、財富線、婚姻線在哪裡嗎？」

年輕人不解地回答說：「它們在哪裡？還不就在我的手掌心握著嗎？」

老禪師一聽，就微微笑了，對年輕人意味深長地說：「是的，你的命運就握在自己的手心裡，老僧也一樣，自己的命運就握在自己的手心裡，天下芸芸眾生，別人誰都無法決定另外一個人的命運，誰的命運都只能被自己握在自己的手掌裡。」

年輕人一聽，慚愧地對老禪師深深鞠了一躬，感激地說：「大師，我懂了！」

沒有人能決定你的命運，我們每個人的命運，都握在自己的手心裡，自己的命運，只有自己才能牢牢地掌握。

逃、或不逃

遇到危險時，每一個人都不應該轉身逃跑。當你一轉身，你就身處於加倍的危險中。如果你機智地面對它，就等於化解了一半的危機。因此，絕對不要逃避，絕不！

——英國前首相、諾貝爾文學獎得主邱吉爾

一個老船長被聘請到一家海運公司當船長。這是一家頻頻發生沉船事故的海運公司，對事故的心有餘悸，成了這家公司船員們冰山一樣沉重的心理障礙，嚴重影響了公司的正常海運業務。

滿頭白髮的老船長上船後，在船長艙裡看了看掛在壁上的貨船航線圖，他吩咐把它取下來。船上的水手們說：「這是公司好不容易花費鉅資才請來專家們繪的航線圖，航線基本都在淺水區，而且暗礁和險灘都標得十分精確，不要這幅航線圖怎麼行呢？」老船長不理睬水手們，只是要求公司能馬上提供一份航線深水區示意圖。

船上的水手們十分不解又十分驚慌，過去他們在淺水區按航線行船，船隻遭遇不測時，大家憑自己的水性和泳技，能夠很快找到荒島和礁石，可以死裡逃生僥倖逃過一次次劫難。但船隻在深水區航行就可怕得多了，一旦遭遇沉船，茫茫大海上不僅很難找到荒島礁叢，而且連一根稻草也往往找不到，那就很難有生還的機會了。心有餘悸的船員們立刻嚷嚷著對老船長的這種做法提出了大膽的質疑和憤怒的抗議。

叼著橡木煙斗的老船長什麼也不說，他撕下一頁厚厚的牛皮紙，在甲板上三折兩疊就疊出了一條漂亮的紙船，又找來了一個木盆，倒上半盆的水，然後又往木盆裡丟下一些差不多和水深一樣高度的石塊，老船長把紙船放進木盆裡，扳住盆沿輕輕地搖了幾搖，頓時，那紙船在木盆裡晃晃蕩蕩的，不是撞到這一個石塊，就是擱淺在另一個將露而未露出水面的石塊上，只幾晃那個紙船便被撞碎了，看得圍觀的水手們個個都捏了把冷汗。

老船長把紙船撈出來，又疊了一個紙船，然後吩咐一個年輕水手將盆子裡水倒滿，才將這個紙船放到了盆子裡，盆子裡的水深了許多，剛才那些浮出水面和淺淺淹在水面下的石塊現在深深淹在了水底，老船長扳住盆沿晃了晃，紙船在盆裡搖搖擺擺晃來晃去，雖然顛簸得十分厲害，但因為沒有冒出水面的石塊，也沒有淺淺掩在水面下的石尖，紙船在盆子裡安然無恙。

老船長取下了嘴上叼著的橡木煙斗，望了一眼那些疑惑不安的船員們說：「明白了吧？水最深的地方，礁石和暗礁就沒有了，行船也就沒有或減少了不幸觸礁的危機，行船就更加安全了，而在淺水區，險灘和暗礁就全浮了出來，就是再有經驗的船長，也很難做到不出事故的。」

老船長頓了頓，又深深吐了一口煙說：「這是我駕船和海打了一輩子的經驗了。水越深的地方，行船也是最安全，而水越淺的地方，卻恰恰就是沉船事故多發之地啊！」

人生又何嘗不是呢？當我們生活處於最深危機的時候，那些雞毛蒜皮的小困難都被掩在了最深處，它們不能對我們構成一點點的威脅，於不經意間被我們輕而易舉地一掠而過了。而當我們處於風平浪靜的生活淺水區時，那些原本不值一提的小事情卻成了一道道人生的險灘和暗礁，往往把我們撞沉和擱淺。

行船要選深水區，人生也貴在艱困時。

冒個險如何？

壓力通常來自對身外事物過於在意，同時也過於在意他人的判斷。

——聖嚴法師

「橫看成嶺側成峰，遠近高低各不同」。從問題的各種角度，能看出各不相同的結果。在工作中也是如此，你有可能遭遇別人無情的否定，但是千萬不要就此否定了自己，認為自己會一無所成。你可以利用自己的思維，引導別人對自己的看法，或多吸收別人的意見，以不同的角度看看自己，你將發現，你是優秀的！

有位青年畫家，想努力提高自己的畫技，畫出人人喜愛的畫。為此他想出了一個辦法，就是把自己認為最滿意的一幅作品掛出來，旁邊放上一枝筆，請行家們把不足之處，給指點出來。

畫市上人來人往，畫家的態度又十分誠懇，許多人就真誠的發表了自己的意見。到了晚上，畫家發現，畫面上所有的地方，都標上了指責的記號。也就是說，這幅畫簡直一無是處。

這個結果對青年的打擊太大了，一時萎靡不振，開始懷疑自己到底有沒有繪畫的才能。

他的老師見他前不久還雄心萬丈，此時卻如此情緒消沉，不明白原因。待問清原委之後，哈哈大笑，叫他不必就此下結論，換一個地方再掛一天試試看。

第二天，畫家把同一幅畫又掛了出來，旁邊一樣放上了一枝筆。所不同的是，這次是讓大家把覺得精彩的地方指出來。到了晚上，畫面上所有地方，同樣密密麻麻的寫滿了各種記號。

青年畫家這才恍然大悟，以後終於在畫壇上有了成就。

眾口難調，你永遠無法滿足所有人的胃口，高明的廚師，會引導大家跟著自己的感覺走，而不是讓自己跟著別人走。不要被旁人的口語所綁架，唯有積極的透徹、理解別人的讚揚和批評，你才能真正有所感悟。

而這種懂得突破眼前束縛自身的假象、不隨眾人起舞、不受陳規限制，勇於採取積極思考的性格，在如今競爭地風起雲湧的年代，更是受用。接受挑戰、打破常規、勇於嘗試別人所不能的，你才能做得更優秀。

有一天，公司總經理叮囑全體員工：「誰也不准走進八樓那個沒掛門牌的房間。」

但他沒解釋為什麼。

在這家營運不錯的公司裡，員工們都習慣了服從，大家牢牢記住了總經理的吩咐，誰也不去進那個房間。

一個月後，公司招聘了一批年輕人，同樣的話，總經理又向新員工重複了一遍。這時，有個年輕人在下面小聲嘀咕了一句：「為什麼？」

總經理看了他一眼，滿臉嚴肅的回答：「不為什麼。」

回到崗位上，那位年輕人的腦子裡，還在不停的閃著對那個神祕房間的狐疑念頭。心想：那又不是公司部門的辦公用地，也不是什麼重要機密的存放處，為什麼要有這樣的吩咐呢？

年輕人決定去探個究竟，查看到底是怎麼回事。

同事們紛紛勸他，說：「何必冒這個險嘛，不聽經理的話，有什麼好結果？這分工作來之不易呀！」

年輕人起了牛脾氣，執意要去看個究竟。他走到那房間前，輕輕的叩門，沒有人應聲。他隨手一推，門開了，只見到不大的房間中，只擺了一張桌子，桌子上放著一張紙條，上面用紅筆寫著幾個字：「拿這張紙條去見總經理。」

年輕人很失望。心想，既然已經做了，就乾脆做到底。於是硬著頭皮拿著紙條走進總經理辦公室。當他從總經理辦公室出來時，不但沒有被解雇，反而被任命為銷售部經理。

「我們需要的是具有創造力的員工，只有不被條例規矩限制住的人，才能勝任。」

總經理給了大家這樣一個解釋。

最後，那年輕人果然沒有讓經理失望。

這個故事，不是鼓勵你與上司唱反調，只是想告訴你，有些條例規矩所設置的禁區，其實正是留給勇敢的開拓者，一個尚待開發的處女地。你得先走進來，你才能走出去，而且走的更遠。

轉頭、換念，路就在前面

一個缺口的杯子，如果換一個角度看它，它仍然是圓的。

——證嚴法師

人生，與其汲汲營營的一頭忙，不如找到合適的切入點切入，打破慣常的思維推敲成功的道路，有時候，就在你腦筋轉彎的時候「不可能」一下子就變成了「可能」。

有一個效益相當好的大公司，決定進一步擴大經營規模，高薪招聘銷售主管。廣告一打出來，應徵者雲集。

面對眾多的應徵者，招聘工作的負責人說：「相馬不如賽馬。為了能選拔出高素質的營銷人員，我們出一道很實際的試題：就是『如何把木梳大量的賣給和尚？』。」

絕大多數的應徵者聽完，都感到困惑不解，甚至有點憤怒。因為他們認為，出家人剃度為僧，頭上無髮，買木梳來做什麼用？出這種題目，無異是神經錯亂，拿人窮開心。因此，過了不久，應徵者接連的拂袖離去，幾乎走光了。只剩下三個應徵者：小伊、小石和小錢。

負責人對剩下的這三個應徵者說：「以十天為期限，到時候，請各位把銷售的成果向我報告。」

十天的期限到了，負責人首先問小伊：「你賣出了多少？」

小伊回答說：「一把。」

「怎麼賣的？」

小伊講述了他如何費盡了唇舌，以及如何受到眾和尚的責罵和追打的委屈。剛開始，一把木梳也沒有賣出去。

他垂頭喪氣的下山，途中遇到一個小和尚，正一邊曬太陽，一邊使勁的搔著又髒又厚的頭皮。小伊靈機一動，趕忙遞上木梳，小和尚用後滿心歡喜，於是買了一把。

負責人又問小石：「你賣出了多少？」

小石回答說：「十把。」

「怎麼賣的？」

小石說他去了一座名山古寺，由於山高風大，進香客的頭髮都被風吹亂了。小石找到了寺院的主持，對他說：「讓進香客蓬頭垢面的面對佛尊，是對佛尊的不敬。如果在每座廟的香案邊，擺放一把木梳，供那些香客梳理頭髮，不就解除了這個問題了。」

住持採納了小石的建議。山上共有十座廟，於是住持一共買下十把木梳。

負責人又問小錢：「你賣出多少？」

小錢回答說：「一千把。」

負責人驚問：「怎麼賣的？」

小錢說，他到了一個頗具盛名、香火鼎盛的深山寶剎，朝聖者如雲，施主絡繹不絕。小錢就對主持說：「凡是來進香朝拜的人，都有一顆虔誠之心，寶剎應有所回贈，以資作為紀念，並保佑其平安吉祥，鼓勵其多做善事。我有一批木梳，您的書法超群，可依您的真跡寫上『積善梳』三個字，然後刻印，印上在木梳上，就可以當作贈品了。」

主持大喜，立即買下一千把木梳，並請小錢多住幾天，以便和他共同出席首次贈送「積善梳」的儀式。得到「積善梳」的施主與香客，都很高興。就這樣一傳十，十傳百，朝聖的香客更多了，香火也更加鼎盛。不止這樣，好戲跟在後頭呢！主持還希望小錢多賣一些不同梯次的木梳，以便分階贈送給各種不同類型的施主與香客。

梳子賣給和尚，聽起來似乎荒誕不經，但誰說梳子就只能給和尚用？在別人認為不可能的地方找出新的路來，這才是人生最特別的地方。轉個彎，無處不自在；換個念頭，生命總會找到自己的出路。

心靈的寄託就在眼前

要有生活目標，一輩子的目標，一段時期的目標，一個階段的目標，一年的目標，一個月的目標，一個星期的目標，一天的目標，一個小時的目標，一分鐘的目標。

——俄國文學家　托爾斯泰

一艘小船在海上不幸觸礁沉沒了，除了一個水手，船上所有的人全都不幸遇難了。

而大難不死的這位水手，他能倖存，可以說是一個奇蹟。因為小船觸礁的地方距海岸至少有十海浬遠，並且這個水手的泳技並不是最好的，身體也不是最棒的，他能死裡逃生，是因為在茫茫大海上遇到了一根小樹枝。那是一根很小的小樹枝，只有筷子那麼粗、那麼長，就在這位水手在海裡游得疲憊又沮喪時，他意外地發現了那根小樹枝，他眼睛一亮，奮力游過去，伸手抓住那根小樹枝，然後奮力向前甩去，小樹枝就漂浮在他前面幾十米的海面上，他揮動胳膊，拚命向小樹枝游去，抓到小樹枝再奮力甩向前方，然後他就再向小樹枝游去……

記不清甩了幾十次、幾百次，他終於奇蹟般地死裡逃生游到了海岸上，他的故事，成為方圓幾百里漁村裡的一個傳奇。

幾年後，這位年輕水手體格變得十分健壯，泳技也突飛猛進有了很大的進步，他成了一艘船上的年輕船長。就在他躊躇滿志時，厄運再一次降臨到了他的身上，他的木船又觸礁沉沒了，他掉進了海天一線的茫茫大海裡。他是船長，在這片熟悉的水域裡，他清楚地知道哪裡是海岸的方向，他開始朝著海岸的方向拚命地泅游。游了一程，他抬起頭看看，前邊是茫茫的海水，看不見山，也看不見岸，於是他低下頭去拚命地再游，但游了好久，他抬起頭來，還是看不見山，也看不見岸。他感到渾身疲憊極了，四肢乏力不說，心也越來越緊張地咚咚咚跳個不停。應該說，這次不幸落水，逃生的條件比他上次好多了，海面上風平浪靜的，浪也幾乎沒有，而且陽光普照，他的身前身後靜靜蕩漾的是一片無邊無際被陽光鍍得金亮的海水，不像上一次，不僅有浪，而且是夜幕正漸漸低垂時……

但他這次卻沒能逃脫厄運的魔掌，他被淹死在距海岸不足三海浬的地方。

人們十分驚詫，這個上次在夜晚時游了十海浬，能在狂風濁浪裡死裡逃生的傳奇水手，怎麼這次竟被活活淹死在陽光普照風平浪靜的這片海水裡，要知道，這次沉船的地方，距海岸不過只有區區的五海浬啊。

一位老船長想了想說：「他上次能奇蹟般地死裡逃生，那是因為他擁有一根能夠看得見的木棍。而這次，他是因為看不到木棍而陷入了沮喪和絕望的深淵。」

一根木棍雖然浮不起一個失足在茫茫大海裡的軀體，但足以漂浮起他心靈裡那一縷逃生的期望。長長的海岸線儘管可以站滿數以億計的人、高山和樹木，但因為不能被眼睛看到，所以載不起一顆被沮喪打翻的心靈。

把目標放在我們能看到的地方，即便它只是一根微小的稻草，也能給我們的心靈以巨大的激勵，不斷的為我們的心靈加油打氣；把目標放到距我們太縹緲的地方，因為不能時時被看到，即便它離我們只有一公分遠，也可能成為我們失敗的深淵。

成功的毅力，來自於我們心靈能時時看到的一個個短期目標，為心靈加好油，然後我們就能不畏艱難的向前衝刺。

成功的條件

以禮敬禮謝禮讓待人，人人都是貴人；以盡心盡力盡責做事，事事可成大事。

——聖嚴法師

一個年輕人整天夢想著讓自己成功，他曾拜訪過許多大名鼎鼎的成功人士，虔誠地討問成功的祕訣，但那些人都茫然地搖著頭說：「祕訣？成功哪有什麼祕訣呢？」

終於有一天，年輕人聽說遙遠的海邊有一位聖者，那個聖者知道人生的至理，許多人都是在聖者那裡得到了聖者傳授的祕訣，而終於取得了成功，年輕人高興萬分，於是跋山涉水去海邊尋找聖者去了。他終於見到了那位仙風道骨的聖者，年輕人迫切地說：「大師，我是每天做夢都在夢想著，怎樣才能讓自己取得成功啊，請問大師，成功需要什麼條件呢？」

鬚眉皆白的大師聽了，微微一笑說：「成功當然需要具備條件，但並不是需要很多條件，只要具備一種條件就足夠了。」

「只需要具備一種條件？」年輕人雙眼一亮，忙問：「大師，這一種條件是什麼呢？」聖者不答，只是微微一笑，對年輕人說：「走，跟我到海邊去走走。」

年輕人跟著聖者走到了靜靜的大海邊，但令年輕人吃驚的是，到了岸邊，聖者並沒有停下自己的腳步，而是一直走進了海水裡，可能祕訣就藏在海水裡吧，年輕人想。於是，他猶豫了一下，就馬上寸步不離地跟著聖者也邁進了海水裡，聖者一直往海水的深處走，年輕人緊緊跟在聖者的身後，也一直往海水的深處走，眼見冰涼的海水已經淹到聖者和年輕人的胸部，再走幾步就要把他們徹底淹沒了，聖者才終於停下來。

年輕人弄不明白聖者將自己帶到海水裡來做什麼，在他猝不及防間，聖者突然轉過身來，雙手有力地按住了年輕人的頭，把年輕人的腦袋按進了海水裡。

「難道他要把我淹死嗎？」年輕人大吃一驚。

他腿腳並用，拚命在海水裡掙扎起來，但那聖者任他怎麼掙扎，就是死死地按著他的頭，一點兒也不鬆手。急於擺脫困境的年輕人已被嗆了兩口又鹹又苦的海水，如果不馬上擺脫掉這可惡又可狠的聖者的雙手，自己可能會被活活淹死的，逃出去，拚上命也要逃出去！年輕人手腳並用，拚盡全力朝那位聖者狠命一推，終於擺脫了聖者，讓自己的腦袋立刻浮出了水面。

年輕人怒目圓睜，萬分氣憤地指著正怡然自得遊在海水裡的聖者咆哮說：「老東西，你想淹死我呀？」

聖者依然微笑著說：「我怎麼是要淹死你？只是要告訴你成功的祕訣而已。」

「把我死按在海水裡，不讓我呼吸，這不是要淹死我嗎？還花言巧語說是要給我什麼成功的祕訣，鬼話！騙人的把戲，連傻瓜都絕對不會相信的！」年輕人依然十分惱怒。

聖者看著怒氣沖沖的年輕人說：「如果你渴望成功的心能夠像剛才想呼吸時那樣強烈的話，你就已經邁向成功之路了。」

年輕人一聽，愣了。

能把成功視為自己生命的人怎麼能會不成功呢？成功其實並不需要太多的條件，只要你時時擁有一顆強烈的追求成功的心就夠了。

成功並不需要什麼，它只需要一顆時時為成功而跳動不息的心靈，擁有一顆時時渴求成功的心靈，你就會擁有一個成功的燦爛人生。

些微之差、千里之遠

我絕不允許自己在任何情況下氣餒……成功的三要件依序為苦幹、堅持、豐富的常識。

——美國發明家　愛迪生

萊斯是一位著名的物理學家和發明家，曾研發和發明過不少的東西。在電話還沒有誕生之前，萊斯就設想發明一項傳聲裝置，這種裝置可以使身處異地的兩人自由地交談，可以更方便人們的資訊傳遞。

根據自己的假設和傳聲學原理，萊斯經過孜孜不倦的研究，用了兩年多的時間，終於研發出一種傳聲裝置。但令萊斯沮喪的是，他研發的這項傳聲裝置，只能用電流傳送音樂，卻不能用來傳遞話音，不能使身處兩地的人自由地交談。在經過無數次的改進和試驗後，萊斯的這項研發毫無進展，依舊無法傳遞話音，於是，萊斯心灰意冷地宣告自己的研究失敗了，並得出試驗結論說：「傳聲學根本無法解決兩地之間話語傳遞的問題。」

和萊斯有著同樣夢想的還有另外一位發明家，他是美國人，叫貝爾。聽到萊斯研發失敗的消息後，貝爾並沒有灰心和絕望，他詳細推敲了萊斯的傳聲裝置，在萊斯研究的基礎上不斷開始新的大膽嘗試，他把萊斯用的間斷直流電，改為使用連續直流電，解決了傳聲裝置傳送時間短促、講話聲音多變等難題。但這些都是些微不足道的小問題，萊斯也曾這樣假設和試驗過，都沒有取得過成功，貝爾和萊斯一樣，試驗了很多次，同樣得到了令人沮喪的兩個字：失敗！

是不是真的如萊斯所說的那樣，傳聲學根本無法解決兩地之間的話語傳遞呢？貝爾也陷入了困境。一天下午，當絞盡腦汁的貝爾束手無策地坐在試驗桌旁，面對著他已改進多次的傳聲裝置發呆時，他的手無意間碰到了傳聲裝置上的一顆螺絲釘，這是一枚毫不起眼的螺絲釘，已經有些微微生鏽的釘子頭，釘子也早已沒有了多少金屬的鋼藍色光澤，如果不是自己發呆和無聊，貝爾無論如何也注意不到這顆螺絲釘的。貝爾發現它有些鬆動，便輕輕地將這顆螺絲釘往裡擰了半圈，但僅僅這半圈，奇蹟竟出現了：世界上第一部電話機誕生了！

得知貝爾發明了電話機，萊斯馬上趕到貝爾的試驗室向貝爾表示祝賀，並向貝爾請教。貝爾向萊斯一一介紹了自己對萊斯那部傳聲裝置的改進，萊斯說：「這些我都試驗過。」貝爾摸著那顆螺絲說：「我將它往裡轉了二分之一，竟發生了奇蹟。」萊斯怎麼也不肯相信，一顆螺絲釘多轉或少轉二分之一圈，不過只是〇．五公釐左右微不足道的差距，它能決定了什麼呢？萊斯半信半疑地將那顆螺絲釘轉鬆了二分之一圈，奇怪的是傳聲機果然沒有了聲音，他又將那顆螺絲釘向裡轉了二分之一圈，那部傳聲裝置立刻就可以傳遞話語了。

萊斯嚇呆了，繼而淚流滿面、痛悔不迭地說：「我距成功只差〇．五公釐啊！」

〇．五公釐，一顆普通螺絲釘的二分之一圈，大約只是半毫米，卻讓萊斯失敗了。而恰恰只因為多擰了〇．五公釐，貝爾成了家喻戶曉的電話發明家。

失之毫釐，差之千里。成功和失敗並非是南極和北極之間的迢迢距離，很多時候，它們就並肩站在一起，決定成敗的，往往只是你心靈的一點點傾斜。

只因為堅持

失敗者，往往是熱度只有五分鐘的人；成功者，往往是堅持最後五分鐘的人。

——星雲法師

很多人都有過這樣的經歷：最後一趟班車，總是在內心感到絕望的時候到來了。其實做任何事情都是一樣，堅持到最後的就是勝利。成功從來都不會讓一個持之以恆的人空手而歸。

一個農場主人在巡視穀倉時，不慎將一隻名貴的金錶，遺失在打穀場裡。他遍尋不著，便在農場門口貼了一張告示，要人幫忙尋找，酬謝金是一百美元。

面對重賞的誘惑，許多人都賣力的四處翻找。無奈場內的穀粒成山，還有成捆成捆的稻草，要想在其中找尋一塊金錶，有如大海撈針，談何容易。

大家忙到太陽下山，仍沒有找到金錶。大家不是抱怨金錶太小，就是抱怨打穀場太大、稻草太多，一個個放棄了一百美元的誘惑。最後只剩下一個穿破衣的小孩，在眾人離開之後，仍不死心的努力尋找。

小孩已經整整一天沒有吃飯了，他希望在天黑之前能找到金錶，解決一家人的吃飯難題。

天越來越黑，小孩在穀倉內堅持的尋找著，突然他聽到一切喧嘩靜下來之後，出現的「滴答、滴答」聲，正不停的響著。

小孩立刻停止翻找，穀倉內更加安靜了，「滴答、滴答」的聲響，在靜夜裡格外的清晰。

小孩循聲找到了金錶，得到了一百美元。

成功的法則其實很簡單，而成功者之所以稀有，是因大多數人，都認為這些法則太簡單了，沒有繼續堅持——這個法則就叫「執著」。

不迷途

有一些寶貴的東西作為它的目標時，生活才有價值。

——德國哲學家　黑格爾

弗洛倫絲·查德威克是舉世著名的游泳高手。一九五〇年，弗洛倫絲·查德威克成功橫遊過了英吉利海峽，創下了女子游泳橫渡英吉利海峽的世界紀錄。

時過兩年，養精蓄銳的弗洛倫絲·查德威克決定再向自己的人生做一次挑戰；從卡德林那島遊到加利福尼亞海灘。其實，這次挑戰對於弗洛倫絲．查德威克來說早已勝券在握了，因為從卡德林島到加利福尼亞海灘遠沒有英吉利海峽寬，而且，這裡水勢平緩波浪不大，加上經過兩年的休整，弗洛倫絲．查德威克的身體狀況也遠比兩年前橫渡英吉利海峽時更健康。

這天清晨，萬事俱備的弗洛倫絲．查德威克從卡德林那島下海了，像計畫中想像的那樣，退潮的潮汐把弗洛倫絲．查德威克推進了幾千公尺遠，這給她節省了不少的力量。水溫很適宜，碧波萬頃的海上風浪也不大，尤其是風向一直是順風，這使弗洛倫絲遊起來很輕鬆。

這次的橫遊計畫得很周密。按照計畫，弗洛倫絲清晨入海時借助退潮的潮汐力量，然後在十個小時左右必須遊過海界中線，在下午七點以前必須遊到距越過海界中線五海浬左右的區域中，這樣，在傍晚漲潮時，又可以憑藉潮汐的推力，使她更順利地遊上加利福尼亞的海灘。一切都如計畫的一樣，十六個小時後，弗洛倫絲已經距加利福尼亞的海灘不遠了，可以說游泳女高手弗洛倫絲已經成功在望了。

但不巧的是，海上忽然漫起茫茫大霧，那霧又低又濃，幾乎使人看不到一公尺以外的地方。泡在海水裡的弗洛倫絲甚至看不到一直伴隨著她的小橡皮艇。

「告訴我，還有多遠？」弗洛倫絲喊。

「快了，離海岸線已經不遠了。」艇上的人回答說。

「你們看到海岸線了嗎？」弗洛倫絲問。

「沒有。」橡皮艇上的人說。

「那怎麼知道我們離海岸線不遠了？」

「霧太大，我們是估計的。」

估計的？泡在海水裡的弗洛倫絲有些失望了，她竭力向前方看了看，但霧太大，什麼也看不見。

「誰知道到底還有多遠呢？」看著頭頂的茫茫霧靄，弗洛倫絲有些沮喪地想。

又游了一會兒，弗洛倫絲感到累極了，兩腿發酸發脹，胳膊也抬不起來了。她感覺自己已經沒有了力氣，就要被淹死在這大霧之下的茫茫大海裡了。

「把我拖上皮艇……」她朝橡皮艇上的人求救說。

「聽著，弗洛倫絲，或許離海岸線不到一英里了，再堅持一會兒就成功了。」

「你們看到陸地了嗎？」弗洛倫絲問。

「沒有，因為霧太大。」橡皮艇上的人說。

「誰知還有多遠呢？快，快點把我拖上去，我不行了。」弗洛倫絲懇求說。

「堅持，再堅持一會兒吧！」艇上的人苦苦勸她。

「真的，我不行了，快拖我上去吧。」弗洛倫絲幾乎就要哭出聲來了。怎麼勸她都不行，橡皮艇上的人無奈只好把弗洛倫絲從海水中拖了出來。

但橡皮艇又前進了二十多分鐘後大家就個個後悔不已，弗洛倫絲更

是後悔得淚流滿面，因為，僅僅前行了二十分鐘，橡皮艇已經靠岸了。

「僅僅需要再堅持一點點啊！」大家都替弗洛倫絲惋惜不已。更惋惜的當然是弗洛倫絲本人，如果不是那海上的大霧，如果能看見海岸線，那麼自己肯定能堅持遊過來的，是大霧迷失了自己的信心，喪失了信心，也就喪失了力量啊。

兩個月後，不甘失敗的弗洛倫又重新遊了一次，這次，她很輕鬆就從卡德林那島游到了加利福尼亞海灘上。當別人問她為什麼上次失敗時，她說：「是那場濃霧迷失掉了我的信心。」

「那麼這次為什麼成功得這麼輕鬆呢？」人們又問她。

弗洛倫絲說：「因為這次沒有霧，越來越近的加利福尼亞海岸線給了我充分的信心。」

一場濃霧讓離成功僅一步之遙的弗洛倫絲嘗試到了失敗。

那麼，面對人生中的濃濃大霧，我們是退卻還是咬牙堅持呢？那就看你心中是否有塊陸地了。

心有陸地，什麼樣的大海都不會讓我們沉淪的，什麼樣的濃霧都不能讓我們迷失的。

只要你心中藏著一塊真切的陸地！

重生的力量

上帝賣所有的東西，代價是你所付出的努力。

——義大利博學者　達文西

痛苦與歡樂是一體兩面的，就像黑暗與光明是相互交替的一樣，只有知道怎樣使自己適應它們，並有智慧去尋求化解的人，才懂得生活。

有個人一臉失意的去找朋友聊天，他無奈的對朋友說：「我整天遇到的，都是問題，我真是受夠了。如果你能幫助我，解決我所有問題，我願意馬上捐贈一筆錢，到慈善機構去。」

他的朋友聽完之後，說：「我知道，有一個幾千人居住的大社區，他們沒有一個人有任何問題，你喜歡去那裡嗎？」

這人興奮的回答說：「那裡聽起來似乎是我想要去的地方。」

他的朋友把他帶到一座墓園，然後對他說：「據我所知，沒有問題的人都已經不在世上了。」

問題層出不窮，無時不有，也無處不在。你所碰到的問題，不是來阻擋你的，而是在幫助你成長的。如果能以正確、樂觀的心態面對它，生活就會輕鬆得多。

俗話說的好「盡人事，聽天命」。

這句話雖然有點維心論，但絕不是沒有道理，努力了，你至少擁有一半的成功機率，而聽之、任之，就此沉淪的結果，只有死路一條。

其實，機會永遠存在著，只要你還活著，你就有希望對既定的事情有所改觀。所以，不要輕言放棄，積極的面對人生，用充滿希望的態度仰望未來，機會將在你的努力中產生，並在努力中實現。

有三隻青蛙，一起掉進鮮奶桶中。

第一隻青蛙說：「這是命呀！」

於是盤起後腿，一動不動的等待著死亡的降臨。

第二隻青蛙說：「這桶子看來太深了，憑我的跳躍能力，是不可能跳出去了。今天死定了。」

於是，牠沉入桶底，等死去了。

第三隻青蛙打量著四周說：「真是不幸！但我的後腿還很有力，我要找到墊腳的東西，跳出這可怕的桶子！」

於是，這第三隻青蛙一邊划、一邊跳，慢慢的，牛奶在牠的攪拌下，逐漸濃稠凝固，在奶油塊的支撐下，這只青蛙奮力一躍，終於跳出牛奶桶。

「希望」救了第三隻青蛙的命。

有「希望」，是最大的幸福。有了它，你就不會退縮，你也不會駐足不前。「希望」能給你重生的力量。

到別處找另外一扇門

我們就像是一塊一塊石頭，上帝的鑿子鑿得我們很痛，卻也讓我們完美。

——英國作家 C．S．路易斯

有個老農，很辛勤地種著自己的莊稼，土壤豐厚肥沃的地方，他就種小麥種玉米，河邊的水田裡，他就種水稻，那些沙地裡，他就種花生、種西瓜。不管氣候怎樣，對這位老農來說，每一年都可以算是他的一個豐收年，因為總有一樣作物是豐收的。

有一年，氣候十分乾旱，從初春到秋天幾乎沒有下過一場雨，河流斷流了，泉水乾涸了，井裡的水也淺得能一眼就看到泥沙，許多人都待在家裡，不再去管理自己的莊稼了，只有這個老農，還是扛著鋤頭挑著水桶一天也不歇地往自己的地裡跑，鄰居勸他說：「天這麼旱，你就是累死，也救活不了你的莊稼了，還這樣去田裡忙什麼？不如待在家時舒舒服服地歇幾天。」

老農嘆息說：「是啊，地裡的玉米和水稻、大豆怕是已經回天無力了，但我在河邊那半畝西瓜殷勤弄些，或許還會有些收成的。」

「半畝西瓜？」鄰居們都笑了，「那麼多的莊稼都旱死了，那半畝西瓜又能有什麼用呢？」

但老農不聽他們的，每天吃過飯，他都帶上鐵鋤和水桶到河邊的西瓜地裡去，先用鐵鋤在已經乾涸的河床上打井一樣挖出好大一個泥坑，挖出水後，用瓢一瓢一瓢地盛到桶裡去，再一挑一挑擔到西瓜地裡去澆溉他的西瓜秧。雖然其他的莊稼都已經旱得涸死了，但老農的那半畝西瓜地卻始終是一片碧綠的綠洲，那瓜秧爬得長長的，張張揚揚的，每一片葉子都長得水汪汪的大大的。

老農的兒子也勸老農說：「別看瓜秧長得不錯，但能結瓜不能結瓜還不一定呢，你沒看河床上你挖的泥坑不是越來越深了嗎？」

老農卻自信地搖搖頭說：「水是越來越難挑到了，可兒子你還不懂得，旱瓜澇稻啊，雨水的年份水稻豐收，天旱的年份西瓜好吃啊！」老農不顧別人怎麼說，還是早出晚歸地忙著澆溉和照料自己的半畝西瓜地。

炎夏時，老農的西瓜成熟了，那一個一個西瓜長得翠亮滾圓，切開嘗一口，那瓜又沙又甜，簡直就像糖汁一樣，十分地好吃，加上這一年天旱，市面上也沒有別的水果和瓜物。老農的西瓜被人們搶著買，賣得快不說，還賣上了一個讓人直咋舌的大價錢，老農大大賺了一筆錢，讓街坊鄰居們一個個後悔又羨慕不已。

「早年的西瓜特別地甜。」

上帝在給我們關上一扇門的同時，又為我們打開了另外一扇門。
對於一顆沒有被絕望淹沒的心靈，天堂的門會永遠開著。

別把苦難一肩扛

凡是都是一分為二，一半一半。男人一半，女人一半；好人一半，壞人一半；白天一半，夜晚一半。在這個「一半一半」的世界裡，想要求百分之百的圓滿，幾乎是不可能的，也不容易。所以我們只有從這一半的人生，來影響另外的一半，用好的一半去影響壞的一半，才可能逐步走向圓滿。

——星雲法師

兩個僧人常常到山下的河裡去挑水，一個挑完水只是喘幾口氣，而另一個和尚卻每次都是累得頭重腳輕。

很累的這個僧人想，那個和尚的身材並沒有我健壯，挑水的桶也不比我的桶小，怎麼他挑一擔水似乎若無其事，而我挑一擔水卻總是累得這樣腰瘦腿軟呢？

一天清晨，兩個人又結伴到山下的河裡去挑水，往來幾次，那個和尚似乎什麼事也沒有，而這個僧人則一個肩膀又紅又腫，疼得連一條胳膊也抬不起來了。他叫住那個似乎不知道疲累的僧人說：「讓我看看你的肩膀。」

那個僧人脫下衣服讓他來看自己的肩膀，他的兩個肩膀完好無損，不過只泛些微紅罷了，這個和尚很奇怪，自己和他挑同樣的擔子，走同樣遠的路，怎麼自己的左肩膀又腫又疼，而他的肩膀卻什麼事也沒有呢？他問那個僧人，那個僧人也很奇怪，於是，他要求那個僧人挑他的水桶，而自己用那個僧人的木桶挑水，但挑了一擔水，自己的左肩膀越腫越大，越來越疼了，而那個僧人還是一點事都沒有。

他更加奇怪了，再下山挑水的時候，他讓那個僧人走在前面，自己亦步亦趨走在後面，想仔細觀察自己和那個僧人到底有什麼不同，但還是沒有發現有什麼不一樣的地方。

那個僧人也感覺奇怪，又挑水的時候，那個僧人讓他走在前面，而自己走在後面仔細地觀察他。挑水走到半山上時，那個僧人終於發覺了他疲累的原因，那個僧人喊住他問：「你怎麼不用兩個肩膀挑水呢？」

「用兩個肩膀挑水？」他愣了。

那個僧人說：「人有左右兩個肩膀，你怎麼只用自己的左肩膀挑水呢？」

那個僧人邊說邊挑起他的水桶說：「你瞧，我現在用肩膀挑水，如果左肩膀累了，」那個僧人將肩上的扁擔輕輕一閃，擔子就跳到了那個僧人的右肩膀上，說：「瞧，這不就可以讓左肩膀歇一歇，把擔子放在右肩膀上了嗎？我就是這樣左肩換右肩，右肩換左肩的，所以肩頭才不會那麼腫。」

這個和尚愣了，是啊，人有兩個肩頭，怎麼能把擔子總放在一個肩頭上呢？

於是，他也試著邊走邊不停地換肩了，還是那麼長的山道，還是那麼重的一擔水，他的肩膀卻不腫也不疼了。

是的，我們誰沒有自己的兩個肩膀呢？但是又有多少人懂得給自己的人生苦難不停地換肩扛呢？不懂得換肩，我們就丟失了人生的一半力量，我們就會舉輕若重，讓並不沉重的人生把我們自己壓倒；而如果我們懂得換肩、懂得轉彎思考、懂得向人求助，我們就會多出一倍、兩倍、三倍，甚至無數倍的力量，那時不就舉重若輕，輕鬆便能抵達人生的遠方嗎？

人人都會遇上奇蹟

……外魔不可怕，最怕的是內心的魔——自己內心起了擾亂，不僅障礙他人，也障礙自己。

——證嚴法師

那時，他剛剛十九歲，正在德國哥廷根大學讀書學習。他酷愛數學，那些枯燥的數字和變幻莫測的公式、幾何圖形讓他沉迷不已。

在他的導師看來，他不僅極具數學天賦，而且刻苦努力，或許能夠成為一位出色的數學家，因此，在每天批改完全班同學的數學作業後，對他寄予厚望的導師，總會額外給他布置兩道難度較大的數學題。

一七九六年深秋的一天，吃過晚飯後，他照例趴在課桌上完成導師布置給他的兩道數學題，那兩道習題他在不到兩個鐘頭的時間內順利做完了。

就在他卷起那兩道習題紙的時候，一個小紙條從導師交給他的題紙中掉了下來。他撿起紙條一看，紙條上是一道數學題，他沒有多想，只是以為那是導師另外給他安排的習題，於是他又坐下來，埋頭做了起來。

這是一道特別難做的習題，幾年了，導師從沒有給他安排過如此高深的習題，他感到前所未有的吃力。他攪盡腦汁，集聚自己所學過的全部數學知識，全力以赴從各個角度去演算這道數學題，但成效不大，直到半夜時仍然毫無進展。

既然導師把它安排給了我，那麼它肯定有一個解題的方法，只是自己現在還沒有找到這種方法而已，他決定一定要把它做出來！

圓規、直尺、鉛筆、紙，他趴在課桌上又寫又畫，草稿畫滿了一張又一張，圖形推敲了又推敲，但還是找不到答案。他伏在課桌上閉上眼思考了幾分鐘，他覺得，用常規的數學思維對付這道題顯然是不可能找到答案的，要解開它，或許需要跳出常規的數學習慣思維才可能會柳暗花明。於是，他重新調整了思路，又取出厚厚一遝草稿紙，又一頭栽進那道高深莫測的數學試題中……

當遠處教堂裡的晨鐘悠悠地響起時，熬紅了雙眼、累得精疲力竭的他忍不住微笑了起來，他慶倖自己終於解出了這道數學題。

他將這道題的答案和另外兩道數學題匆匆送給了他的導師，並且愧疚地對導師說：「對不起，寫在小紙條上的第三道題的確太難了，我十分吃力，整整做了一個通宵，不過還算不錯，我終於把它解答出來了。」

「什麼小紙條上的第三道題？」導師有些莫名其妙，但當他看過年輕人第三道題的答案後，立刻就呆住了，他用顫抖的聲音問自己的學生說：「這真的是你做出來的嗎？」

看著驚訝不已的導師，他點點頭說：「是的老師，是我解答出來的，不過，實在有些太不好意思了，這一道題我竟做了整整一夜。」

導師興奮地馬上拉他坐下，竭力壓抑著自己內心中的激動吩咐他說：「你現在重新給我解答一遍讓我看看。」

在導師的焦急注視下，他重新解答出了這道題，並規範地在一張草稿紙上畫出了一個正十七邊形。

捧著那張草稿紙，導師欣喜若狂得頓時語無論次，導師激動萬分地告訴他說：「你創造了世界數學史上的一大奇蹟，這道題已經懸而未決兩千多年了，阿基米德對它束手無策，牛頓也沒有解出答案，兩千多年了，多少傑出的數學家對它望洋興嘆，但你僅用一個晚上就解出了答案，年輕人，你是一位天才的數學家啊！」

他一聽，頓時也愣了，阿基米德和牛頓，他們都是高山仰止的數學泰斗啊，他們沒有找到答案的數學試題，一個兩千年都懸而未決的數學難題，竟被自己在一夜之間攻克了。他高興萬分地對導師說：「幸虧您沒提前告訴我有關這道題的歷史真相，要不，我很可能不敢冒然去解答它的。」

導師說：「我也並非是把它安排給你做的，我在其他地方見了這道習題，把它抄在紙條上，準備以後慢慢研究，沒想到夾在試題中給了你，更沒料到，你用一夜時間就創造出了世界數學史兩千年也沒能突破的偉大奇蹟！」

年輕人興奮地笑了：「真是無知者無畏啊，如果我知道這道題的歷史真相，或許奇蹟就難以出現。」這個年輕人便是後來聞名於世界的數學王子高斯。

無知者無畏。在我們不知道困難有多大的時候，我們往往有信心和勇氣勇敢地向困難發出挑戰，但一旦窺見了困難，我們往往就望而卻步被困難嚇退了，這就是許多才華橫溢的人最終成為庸庸碌碌者的重要原因。

放手去做你的事情，別在完成事情之前去積心處慮地盯著困難，這是奇蹟誕生的最好搖籃。

轉身就是重生

作　者　李禮文

發行人　林敬彬
主　編　楊安瑜
責任編輯　陳亮均、夏于翔
美術編排　陳玟憶
封面設計　陳玟憶
編輯協力　陳于雯、丁顯維

出　版　大都會文化事業有限公司
發　行　大都會文化事業有限公司
11051台北市信義區基隆路一段432號4樓之9
讀者服務專線：(02)27235216
讀者服務傳真：(02)27235220
電子郵件信箱：metro@ms21.hinet.net
網　址：www.metrobook.com.tw

郵政劃撥　14050529 大都會文化事業有限公司
出版日期　2017年11月初版一刷
定　價　280元
ISBN　978-986-95500-1-7
書　號　Growth096

大都會文化 METROPOLITAN CULTURE

大都會文化

國家圖書館出版品預行編目資料

轉身就是重生／李禮文著. -- 初版. -- 臺北市：大都會文化, 2017. 11
256面；21×14.8公分. -- (Growth096)

ISBN 978-986-95500-1-7（平裝）
1.人生哲學 2.生活指導

191.9　　106017269

大都會文化
METROPOLITAN CULTURE

大都會文化
METROPOLITAN CULTURE

大都會文化
METROPOLITAN CULTURE

大都會文化
METROPOLITAN CULTURE